走在青春的路上

何明恒 ◎主编

四川省南江县长赤中学 编

西南财经大学出版社

中国·成都

策　　划：颜邦辉

主　　编：何明恒

副 主 编：陈仕国　夏康晋　夏志平

编　　委：何明恒　陈仕国　罗　鹏　秦发庭

　　　　　夏志平　夏康晋　彭明英　颜邦辉

审　　稿：颜邦辉

封面设计：扈　玉

前　言

颜邦辉

　　《基础教育课程改革纲要》指出："为保障和促进课程适应不同地区、学校、学生的要求，实行国家、地方和学校三级课程管理。"校本课程的开发与研究对于学校实现办学宗旨，体现办学特色，向学生提供最营养的教育养分具有重要的价值，它能够让学生贴近生活，开阔视野，促进学生全面发展，体现学科教学的灵活性和开放性，从而实现"以学生为主体，以教师为主导"的新课程理念。

　　地方课程和校本课程与国家课程相比，在性质和功能上有很大不同，它们提供的很大一部分内容应该是与学生在当地的社会生活相联系的乡土知识和社区经验，能帮助学生理解知识的多样性，更好地获得生活经验，建立学习与发展的自信心。长赤中学的校本课程开发起步很早，20 世纪八九十年代中期，语文、生物等学科就开始了校本课程的探索，在编写校本教材上积累了不少经验，学生使用校本教材后取得了良好的效果。在此基础上，我们没有止步，随着四川省新一轮课程改革的实施，继续新的教学改革探索。

——走在青春的路上——　　1

因材施教、因教选材是新课程中校本教材开发的重要原则，充分考虑学科特点，考虑长赤地域文化的特色，结合校情学情，围绕"耕读教育"校本教材体系，开发出了耕读教育明德篇、启智篇、强体篇、尚美篇、精技篇，供学生选择。

为了保证这套校本教材的编写质量，学校成立了由校长、副校长组成的领导小组，成立了编写委员会，领导小组负责校本教材开发的策划和领导工作，并明确责任到编写小组，编写小组采取分工合作方式，制订详细的编写方案，并做好需求分析和资源分析，参考教材的选定及校本教材的编写等工作。因学科跨度大，材料整合难，参考资料少，因此在教材编写中难免出现遗漏和错误，还请广大师生及读者谅解并提出宝贵意见，以期更臻完善。在"那些让我们感动的分享"部分，我们收录了部分精美的文章，未能一一与原作者取得联系，欢迎原作者联系我们，以便我们支付报酬，在此向原作者表示真挚的谢意。

2018 年 8 月

目　录

三、那些让我们感动的分享

一、那些让我们神往的名校

清华大学

清华大学(Tsinghua University)是中国著名的高等学府,坐落于北京西北郊风景秀丽的清华园,是中国高层次人才培养和科学技术研究的重要基地之一。

清华大学的前身是清华学堂,成立于 1911 年,当初是清政府建立的留美预备学校。1912 年更名为清华学校。为尝试人才的本地培养,1925 年设立大学部,同年开办研究院(国学门),1928 年更名为"国立清华大学",并于 1929 年秋开办研究院,各系设研究所。1937 年抗日战争爆发后,南迁长沙,与北京大学、南开大学联合办学,组建国立长沙临时大学,1938 年迁至昆明,改名为国立西南联合大学。1946 年,清华大学迁回清华园原址复校,设有文、法、理、工、农等 5 个学院,26 个系。

1952 年,全国高校院系调整后,清华大学成为一所多科性工业大学,重点为国家培养工程技术人才,被誉为"工程师的摇篮"。1978 年以来,清华大学进入了一个蓬勃发展的新时期,逐步恢复了理科、经济、管理和文科类学科,并成立了研究生院和继续教育学院。1999 年,原中央工艺美术学院并入,成立清华大学美术学院。在国家和教育部的大力支持下,经过"211 工程"建设和"985 工程"的实施,清华大学在学科建设、人才培养、师资队伍、科学研究以及整体办学条件等方面均跃上了一个新的台阶。目前,清华大学设有 13 个学院 54 个系,已成为一所具有理学、工学、文学、艺术学、历史学、哲学、经济学、管理学、法学、教育学和医学等学科的综合性研究型大学。

清芬挺秀,华夏增辉。今天的清华大学面临着前所未有的历史机遇。清华人继承"爱国、奉献"的优良传统,秉承"自强不息、厚德载物"的校训、"行胜于言"的校风以及"严谨、勤奋、求实、创新"的学风,为使清华大学跻身世界一流大学行列,为中华民族的伟大复兴而努力奋斗着。

北京大学

北京大学（Peking University）简称"北大"，诞生于1898年，初名京师大学堂，是中国近代第一所国立大学，也是最早以"大学"之名创办的学校，其成立标志着中国近代高等教育的开端。北大是中国近代以来唯一以国家最高学府身份创立的学校，最初也是国家最高教育行政机关，行使教育部职能，统管全国教育。北大催生了中国最早的现代学制，开创了中国最早的文科、理科、社科、农科、医科等大学学科，是近代以来中国高等教育的奠基者。

北京大学是中国最高学府之一，同时也是中国综合实力第一的大学，理科、文科、社会科学、新型工科和医科都是它的强项。全校共拥有国家重点学科81个，在全国高校中遥遥领先（比第二名多出32个）。按照国家重点学科标准，北大的理科、文科、医科实力均为全国第一。作为中国高等教育的奠基者，北大诞生了中国高校中最早的数学、物理、化学、地质、计算机、微电子、核物理、心理学、农学、医学、中文、历史、哲学、考古、外语、政治、经济、商学、新闻等学科，也是第一所招收研究生的中国大学。

北京大学作为中国教育部直属高校及国家首批"211工程"和"985工程"系列的重点大学，是国家"111计划"和"珠峰计划"重点建设的名牌大学,亦是东亚研究型大学协会、国际研究型大学联盟、环太平洋大学联盟、东亚四大学论坛、国际公立大学论坛、九校联盟(C9)和基础学科拔尖学生培养试验计划的成员。

北大始终与国家和民族的命运紧密相连,聚集了许多学者和专家,培养了众多优秀人才,创造了大批重大科学成果,影响和推动了中国近现代思想理论、科学技术、文化教育和社会发展的进程。

浙江大学

浙江大学(Zhejiang University)简称"浙大",坐落于"人间天堂"杭州。前身是1897年创建的求是书院,是中国人自己最早创办的新式高等学校之一。1928年定名为浙江大学。国民党执政时期,浙江大学在竺可桢老校长的带领下,崛起为"中华民国"最高学府之一,被英国科学史家李约瑟誉为"东方剑桥",迎来了浙大百年校史中最辉煌的时期。竺可桢老校长因其历史贡献,成了浙大校史中最伟大的人,并为浙大确立了"求是"校训和文言文《浙江大学校歌》。

浙江大学由教育部直属、中央直管(副部级建制),是中国著名顶级学府之一,也是中国"学科最齐全""学生创业率最高"的大学,位列国家首批"211工程""985工程""双一流"A类重点建设的高校,是首批20所学位自主审核高校之一,为九校联盟(C9)、环太平洋大学联盟、世界大学联盟、中国大学校长联谊会成员,是入选"珠峰计划""2011计划""111计划""卓越法律人才教育培养计划""卓越工程师教育培养计划""卓越医生教育培养计划""卓越农林人才教育培养计划"的全国重点大学。

截至2017年年底,全日制在校学生53 673人,其中硕士研究生18 048人,博士研究生10 747人;留学生6 843人,有教职工8 657人,教师中有中国科学院院士21人、中国工程院院士20人。

据 ESI 公布的数据,截至 2018 年 3 月,学校 18 个学科进入世界学术机构前 1% ,7 个学科进入 ESI 前 100 位,均居全国高校第二;8 个学科进入前 1‰,5 个学科进入 ESI 前 50 位,均居全国高校第一。

上海交通大学

上海交通大学（Shanghai Jiao Tong University），简称"上海交大"，位于中国直辖市上海，是中华人民共和国教育部直属并与上海市共建的全国重点大学，是中国历史最悠久、享誉海内外的著名高等学府之一，位列"985 工程""211 工程""世界一流大学建设高校"，入选"珠峰计划""111 计划""2011 计划""卓越医生教育培养计划""卓越法律人才教育培养计划""卓越工程师教育培养计划"，为九校联盟、中国大学校长联谊会、Universitas 21、21 世纪学术联盟的重要成员。

学校创建于 1896 年，原名南洋公学，是中国高等教育的多个源头之一；1911 年更名为"南洋大学堂"，1929 年更名为"国立交通大学"，1949 年更名为"交通大学"；1955 年，学校迁往西安，分为交通大学上海部分和西安部分；1959 年两部分独立建制，上海部分启用"上海交通大学"校名；1999 年，原上海农学院并入学校；2005 年，学校与原上海第二医科大学合并为新的上海交通大学。

截至 2017 年 12 月，学校共有 29 个学院/直属系，24 个研究院，13 家附属医院，2 个附属医学研究所，12 个直属单位，6 个直属企业。全日制本科生（国内）16 221 人、研究生（国内）30 895 人（其中全日制硕士研究生

14 532 人、全日制博士研究生 7 236 人),学位留学生 2 722,其中研究生学位留学生 1 427 人;有专任教师 3 014 名,其中教授 989 名;中国科学院院士 21 名,中国工程院院士 24 名,中组部顶尖"千人计划"1 名,中组部"千人计划"112 名,"长江学者"特聘教授和讲座教授共 139 名,国家杰出青年基金获得者 129 名,"青年千人"173 名,青年拔尖人才 20 名,长江青年学者 29 名,优秀青年科学基金获得者 77 名,国家重点基础研究发展计划(973 计划)首席科学家 35 名(青年科学家 2 名),国家重大科学研究计划首席科学家 14 名,国家基金委创新研究群体 15 个,教育部创新团队 21 个。知名校友有江泽民、钱学森、蔡元培、吴文俊等人。

上海交通大学深厚的文化底蕴,悠久的办学传统,奋发图强的发展历程,改革开放以来取得的巨大成就,为国内外所瞩目。这所英才辈出的百年学府正乘风扬帆,以传承文明、探求真理为使命,以振兴中华、造福人类为己任,向着中国特色世界一流大学目标奋进!

中山大学

中山大学（Sun Yat – sen University, SYSU），简称"中大"，由孙中山先生创办，有着一百多年办学传统，是中国南方科学研究、文化学术与人才培养的重镇。

中山大学是教育部和广东省共建的全国重点大学，是国家"双一流"A类、"985工程""211工程"重点建设高校，同时也是"珠峰计划""111计划""卓越法律人才教育培养计划""卓越医生教育培养计划"实施高校。中山大学已经成为一所国内一流、国际知名的现代综合性大学。

学校有18个学科领域进入ESI世界前1%，学科领域数量位居国内高校第2位，其中有14个学科领域进入前0.5%，2个学科领域进入前0.1%。在第三轮全国学科评估中，学校33个参评学科有16个学科进入水平排名前5，32个学科进入水平排名前10。

学校现有院士20人，国家"千人计划"专家114人、享受政府特殊津贴专家138人、"长江学者"特聘教授46人、"长江学者"青年学者14人、国家杰出青年科学基金获得者78人，"百千万人才工程"国家级人选28人，教育部新世纪优秀人才支持计划170人，历次主持"973"项目和重大科学研究项目的首席科学家20人次。

学校拥有 10 个国家级人才培养基地,经济管理等多个本科专业通过了国内、国际认证。入选教育部的基础学科拔尖学生培养试验计划、卓越医生教育培养计划、卓越法律人才培养教育计划,与法国民用核能工程师教学联盟等国际一流大学开展的中外合作办学项目顺利通过相关国际认证。

中国人民大学

中国人民大学（Renmin University of China），简称"人大"。学校的前身是1937年诞生于抗日战争烽火中的陕北公学，以及后来的华北联合大学、北方大学和华北大学。1950年10月3日，以华北大学为基础的中国人民大学正式成立，成为新中国创办的第一所新型大学。著名教育家吴玉章、成仿吾、袁宝华、黄达、李文海先后担任校长。

建校以来，中国人民大学始终坚持党的领导，坚持马克思主义指导地位，坚持为党和人民事业服务，形成了"人民共和国建设者"的摇篮、人文社会科学高等教育的重镇、马克思主义教学与研究的高地三大办学特色，被誉为"在我国人文社会科学领域独树一帜"，为我国哲学社会科学的发展和繁荣，为社会主义革命、建设和改革事业做出了重要的贡献。从1950年至今，国家历次确立重点大学，中国人民大学均位居其中。学校是国家首批"985工程""211工程"重点建设大学，2017年首批入选国家"世界一流大学和一流学科"建设名单。

截至2017年9月，中国人民大学共有全日制在校生22 749人，其中本科生9 558人，硕士生7 890人，博士生3 810人，外国留学生1 491人。

留学生人数在全国高校中位居前茅。此外,学校还有在职攻读硕士学位学生 4 393 人,成人高等教育学生 3 410 人,网络教育注册生 68 112 人。学校以"国民表率、社会栋梁"为人才培养目标,充分发挥人文社会科学学科在全国高校数量多、门类全、综合水平高的优势,积极培养高素质、高层次的理论型、管理型优秀人才,培养"人民共和国的建设者"。

目前,中国人民大学全体师生员工正在深入学习贯彻党的十九大精神和习近平总书记致中国人民大学建校 80 周年贺信精神,始终不忘"立学为民、治学报国"的办学宗旨,不忘"始终奋进在时代前列"的责任担当,不忘培养"人民共和国的建设者"的光荣使命,不忘"与党和国家同呼吸共命运"的政治追求,不忘"实事求是、艰苦奋斗"的精神品格,全面推进人才培养体系改革、思想库建设、国际影响力提升、大学形象建设和美丽校园建设"五大战略",为把学校建成"人民满意、世界一流"大学而努力奋斗。

复旦大学

复旦大学（Fudan University），简称"复旦"，位于中国上海，由中华人民共和国教育部直属，中央直管副部级建制，位列"985 工程""211 工程""双一流 A 类"，入选"珠峰计划""111 计划""2011 计划""卓越医生教育培养计划"，为"九校联盟"（C9）、中国大学校长联谊会、东亚研究型大学协会、环太平洋大学协会的重要成员，是一所世界知名、国内顶尖的全国重点大学。

复旦大学创建于 1905 年，原名复旦公学，是中国人自主创办的第一所高等院校，创始人为中国近代知名教育家马相伯，首任校董为国父孙中山。校名"复旦"二字选自《尚书大传·虞夏传》名句"日月光华，旦复旦兮"，意为自强不息，寄托当时中国知识分子自主办学、教育强国的希望。1917 年复旦公学改名为私立复旦大学；1937 年抗战爆发后，学校内迁重庆北碚，并于 1941 年改为"国立"；1946 年迁回上海江湾原址；1952 年全国高等学校院系调整后，复旦大学成为以文理科为基础的综合性大学；1959 年成为全国重点大学。2000 年，原复旦大学与原上海医科大学合并成新的复旦大学。截至 2017 年 5 月，学校占地面积 244.99 万平方米，建筑面积 200.20 万平方米。

目前,复旦大学有直属院(系)32 个,附属医院 16 家(其中 5 家筹建)。学校设有本科专业 74 个,拥有一级学科博士学位授权点 35 个,一级学科硕士学位授权点 41 个,博士专业学位授权点 2 个,硕士专业学位授权点 27 个,博士后科研流动站 35 个。在校普通本、专科生 13 361 人,研究生 19 903 人,留学生 3 486 人。在校教学科研人员 2 936 人。两院院士(含双聘)46 人,文科杰出教授 1 人,文科资深教授 11 人,中组部"千人计划"(本校申报入选)163 人(其中含青年千人计划 103 人),教育部"长江学者"特聘教授(本校申报入选)94 人,国家杰出青年基金获得者(本校申报入选)115 人。

复旦师生谨记"博学而笃志,切问而近思"的校训,严守"文明、健康、团结、奋发"的校风,力行"刻苦、严谨、求实、创新"的学风,发扬"爱国奉献、学术独立、海纳百川、追求卓越"的复旦精神,以服务国家为己任,以培养人才为根本,以改革开放为动力,为实现中国梦做出新贡献。

武汉大学

武汉大学(Wuhan University),简称"武大",是一所中国著名的综合研究型大学,也是近代中国最早建立的国立大学。1893 年,湖广总督张之洞上奏清政府设立自强学堂,由此揭开了近代中国高等教育的序幕。1896 年更名方言学堂,1913 年为六大国立高师之一的国立武昌高等师范学校,1926 年更名国立武昌中山大学,1928 年定名国立武汉大学,是民国四大名校之一。1949 年更为现名。至今已有 125 年办学历史。

武汉大学是中国教育部直属的副部级全国重点大学,国家首批"双一流"A 类、"985 工程""211 工程""2011 计划"重点建设高校,同时是"111 计划""珠峰计划""千人计划""卓越计划"等重点建设的中国顶尖名牌大学,是与法国高校联系最紧密、合作最广泛的中国高校,是世界权威期刊 *Science* 列出的"中国最杰出的大学"之一。

武汉大学也是中国著名的风景游览地,为国家 5A 级旅游景区东湖风景区的组成部分。学校坐拥珞珈山,环绕东湖水,占地面积 5 195 亩(1 亩 ≈666.67 平方米),建筑面积 266 万平方米。作为中国建立最早的国立大学,其中西合璧的宫殿式建筑群古朴典雅,巍峨壮观,为近现代中国大学校园建筑的佳作与典范,被称为中国最美丽的大学校园。武大樱花约在每年三月下旬开放。

武汉大学学科门类齐全、综合性强、特色明显,涵盖了哲、经、法、教育、文、史、理、工、农、医、管理、艺术等 12 个学科门类。学校设有人文科学、社会科学、理学、工学、信息科学和医学六大学部 34 个学院(系)。有122 个本科专业。5 个一级学科、17 个二级学科被认定为国家重点学科。6 个学科为国家重点(培育)学科。44 个一级学科具有博士学位授予权。55 个一级学科具有硕士学位授予权。有 42 个博士后流动站。设有三所三级甲等附属医院。

截至 2017 年年底,武汉大学有 16 个学科领域进入 ESI 排行世界前1%,其中遥感科学与技术学科名列世界第一。在教育部第三轮学科评估中,武汉大学 4 个一级学科排名全国第一;9 个学科排名全国前三,14 个学科排名全国前五,23 个学科排名全国前十。

南京大学

南京大学（Nanjing University），简称"南大"，是中华人民共和国教育部直属、中央直管副部级建制的全国重点大学，是国家首批"双一流""211 工程""985 工程"重点建设高校，入选首批"珠峰计划""111 计划""2011 计划""卓越工程师教育培养计划""卓越医生教育培养计划""卓越法律人才教育培养计划"，是九校联盟、中国大学校长联谊会、环太平洋大学联盟、21 世纪学术联盟和东亚研究型大学协会成员。

南京大学是中国第一所集教学和研究于一体的现代大学，其学脉可追溯到三国时孙吴永安元年（258 年）设立的南京太学，近代校史肇始于 1902 年筹办的三江师范学堂，此后历经多次变迁。1920 年在中国国立高等学府中首开"女禁"，引领男女同校之风。最早在中国开展现代学术研究，建立中国最早的现代科学研究实验室，成为中国最早的以大学自治、学术自由、文理为基本兼有农工商等专门应用科、集教学和研究于一体为特征的现代大学。《学衡》月刊的创办，使得学校成为中西学术文化交流的中心，被誉为"东方教育的中心"。1949 年由民国时期中国最高学府"国立中央大学"易名"国立南京大学"，翌年径称"南京大学"，至今沿用。

在一个多世纪的办学历程中,南京大学及其前身与时代同呼吸、与民族共命运,谋国家之强盛、求科学之进步,为国家的富强和民族的振兴做出了重要的贡献。尤其是改革开放以来,作为教育部直属的重点综合性大学,南京大学又在崭新的历史机遇中焕发出新的生机,在教学、科研和社会服务等各个领域保持良好的发展态势,各项办学指标和综合实力均位居全国高校前列。1994 年,南京大学被确定为国家"211 工程"重点支持的大学;1999 年,南京大学进入国家"985 工程"首批重点建设的高水平大学行列;2006 年,教育部和江苏省再次签订重点共建南京大学的协议;2011 年,教育部和江苏省签署协议继续重点共建南京大学;2016 年,南京大学入选首批国家级双创示范基地;2017 年,南京大学入选 A 类世界一流大学建设高校名单,15 个学科入选世界一流学科建设名单。

当前,南京大学的办学事业已经掀开新的百年篇章。全体南大人将始终保持奋发昂扬的精气神和朴茂平实的工作作风,深入贯彻习近平总书记关于"第一个南大"的指示精神,着力内涵发展,彰显南大特色,为把南京大学早日建成世界一流大学而努力奋斗,为中华民族的伟大复兴做出更大的贡献!

吉林大学

吉林大学(Jilin University)简称"吉大",位于吉林长春,始建于1946年,是中华人民共和国教育部直属的综合性全国重点大学,国家"双一流""211工程""985工程""2011计划"重点建设的著名学府,入选"珠峰计划""111计划""卓越法律人才教育培养计划""卓越工程师教育培养计划""卓越医生教育培养计划""卓越农林人才教育培养计划",是亚太国际教育协会、21世纪学术联盟、中俄交通大学联盟的重要成员。

学校前身是创办于1946年的东北行政学院,1950年更名为东北人民大学;1952年经院系调整成为中国共产党亲手创建的第一所综合性大学;1958年更名为吉林大学;1960年,吉林大学被国务院列为国家重点大学;2000年6月12日,合并吉林工业大学、白求恩医科大学、长春科技大学等6所院校组建新的吉林大学。

学校师资力量雄厚,有教师6 499人,其中教授2 121人,博士生指导教师1 384人。中国科学院和中国工程院院士10人,双聘院士36人,哲学社会科学资深教授7人,国务院学位委员会学科评议组成员20人,"千人计划"入选者49人,"万人计划"入选者27人,国家级教学名师9人,中央马克思主义理论研究和建设工程项目首席专家 5 人,国家"973"计划(含重大科学研究计划)项目首席科学家 6 人,国家有突出贡献的中青年专家 15 人,国家"百千万人才工程"入选专家 32 人,教育部"长江学者奖励计划"入选者 52 人,国家杰出青年基金获得者 31 人,国家优秀青年基金获得者 25 人,吉林省"长白山学者"人选 90 人。

截至 2018 年 3 月,学校有 6 个校区 7 个校园,校园占地面积 611 万多平方米;一级学科博士学位授权点 48 个,一级学科硕士学位授权点 60 个,博士后科研流动站 42 个,一级学科国家重点学科 4 个(覆盖 17 个二级学科),二级学科国家重点学科 15 个,国家重点(培育)学科 4 个。11 个学科(领域)的 ESI 排名进入全球前 1%,其中 2 个学科排名进入全球前 1‰;开设本科专业 129 个;学校有教师 6 499 人,其中教授 2 121 人,博士生指导教师 1 384 人。中国科学院和中国工程院院士 10 人,双聘院士 36 人;在校全日制学生 71 754 人,其中博士生 7 955 人,硕士生 18 094 人,本科生 41 818 人。

中国科技大学

中国科学技术大学（University of Science and Technology of China），简称"中国科大"，位于安徽省合肥市，由中国科学院直属，中央直管副部级建制，位列"世界一流大学建设高校""211 工程""985 工程"，是首批 20 所学位自主审核高校之一，入选"珠峰计划""111 计划""2011 计划""中国科学院知识创新工程""卓越工程师教育培养计划"，为"九校联盟"成员、中国大学校长联谊会、东亚研究型大学协会、环太平洋大学联盟成员，是一所以前沿科学和高新技术为主、兼有特色管理和人文学科的综合性全国重点大学。

中国科学技术大学 1958 年 9 月创建于北京，她的创办被称为"中国教育史和科学史上的一项重大事件"；建校后，中国科学院实施"全院办校，所系结合"的办学方针，汇集了严济慈、华罗庚、钱学森、赵忠尧、郭永怀、赵九章、贝时璋等一批科学家，建校第二年即被列为全国重点大学；1970 年初，学校迁至安徽省合肥市，开始了第二次创办；1978 年以后，学校创办少年班、首建研究生院、建设国家大科学工程、面向世界开放办学等新举措；也是唯一参与国家知识创新工程的大学。

现有 20 个学院（含 5 个科教融合共建学院）、30 个系，设有研究生院，以及苏州研究院、上海研究院、中国科大先进技术研究院。有数学、物理学、力学、天文学、生物科学、化学共 6 个国家理科基础科学研究和教学人才培养基地和 1 个国家生命科学与技术人才培养基地,8 个一级学科国家重点学科,4 个二级学科国家重点学科,2 个国家重点培育学科,18 个安徽省一级学科重点学科。

现有专任教师 1 163 人,科研机构人员 360 人。有中国科学院和中国工程院院士 28 人,第三世界科学院院士 6 人,博士生导师 332 人,教授 440 人(含相当专业技术职务人员),副教授 616 人(含相当专业技术职务人员),还聘请了杨振宁、李政道、丁肇中、丘成桐、R. F. Curl、Eugene Garfield Charles 等一批世界知名科学家为名誉教授、名誉博士和客座教授。

目前,全校上下正深化改革,锐意创新,力争把学校建设成为具有科研机构深度融合,创新人才和创新成果不断涌现,具有中国特色的世界一流大学,为实现"创寰宇学府,育天下英才"的宏伟目标而努力奋斗。

四川大学

四川大学（Sichuan University）简称"川大"，由中华人民共和国教育部直属，中央直管副部级建制，是世界一流大学建设高校、"985 工程""211 工程"重点建设的高水平综合性全国重点大学，

入选"2011 计划""珠峰计划""111 计划""海外高层次人才引进计划"，拥有研究生院和研究生自主划线资格。

四川大学由原四川大学、原成都科技大学、原华西医科大学三所全国重点大学经过两次合并而成。原四川大学起始于 1896 年四川总督鹿传霖奉光绪特旨创办的四川中西学堂，是西南地区最早的近代高等学校；原成都科技大学是新中国院系调整时组建的第一批多科型工科院校；原华西医科大学源于 1910 年由西方基督教会组织在成都创办的华西协合大学，是西南地区最早的西式大学和中国最早培养研究生的大学之一。1994 年，原四川大学和原成都科技大学合并为四川联合大学，1998 年更名为四川大学。2000 年，四川大学与原华西医科大学合并，组建了新的四川大学。

四川大学是国家布局在中国西部的高水平研究型综合大学。学校设 30 个学科型学院，建有研究生院、海外教育学院、成人教育学院和网络教育学院。学科覆盖了文、理、工、医、经、管、法、史、哲、农、教等 11 个门类，有 15 个国家重点学科,66 个部省级重点学科,17 个一级学科博、硕士学位授权点,168 个博士点,254 个硕士点,7 个专业学位点,118 个本科专业,21 个博士后科研流动站,6 个国家人才培养和科学研究及课程教学基地。

学校先后汇聚了历史学家顾颉刚、文学家李劼人、美学家朱光潜、物理学家吴大猷、植物学家方文培、卫生学家陈志潜、数学家柯召等大师。截至 2017 年年底,学校进入 ESI 排名全球前 1% 的学科领域 14 个,其中,化学、材料科学学科领域进入全球前 1‰。有望江、华西和江安三个校区,占地面积 7 050 亩;专任教师 5 494 人;全日制普通本科生 3.7 万余人,硕博士研究生 2 万余人,外国留学生及港澳台学生 3 700 余人。

目前,四川大学抓住西部大开发的历史性机遇,正通过实施"科技跨越行动计划""哲学社会科学繁荣计划""人才强校计划""研究生教育创新计划"和"本科教学'412'质量工程"等,努力把学校建设成为国内一流、国际知名的高水平研究型综合大学。

全国"985 工程"和"211 工程"大学名单

全国"985 工程"大学名单		
一期（34 所）		
清华大学	北京大学	厦门大学
南京大学	复旦大学	天津大学
浙江大学	南开大学	西安交通大学
东南大学	武汉大学	上海交通大学
山东大学	湖南大学	中国人民大学
吉林大学	重庆大学	电子科技大学
四川大学	中山大学	华南理工大学
兰州大学	东北大学	西北工业大学
哈尔滨工业大学	华中科技大学	中国海洋大学
北京理工大学	大连理工大学	北京航空航天大学
北京师范大学	同济大学	中南大学
中国科学技术大学		
二期（5 所）		
中国农业大学	国防科学技术大学	中央民族大学
华东师范大学	西北农林科技大学	

全国"211 工程"大学名单		
北京 (26 所)	清华大学	北京大学	中国人民大学
	北京工业大学	北京理工大学	北京航空航天大学
	北京化工大学	北京邮电大学	对外经济贸易大学
	中国传媒大学	中央民族大学	中国矿业大学（北京）
	中央财经大学	中国政法大学	中国石油大学（北京）
	中央音乐学院	北京体育大学	北京外国语大学
	北京交通大学	北京科技大学	北京林业大学
	中国农业大学	北京中医药大学	华北电力大学（北京）
	北京师范大学	中国地质大学（北京）	
上海 (9 所)	复旦大学	华东师范大学	上海外国语大学
	上海大学	同济大学	华东理工大学
	东华大学	上海财经大学	上海交通大学
天津 (4 所)	南开大学	天津大学	天津医科大学
	河北工业大学		
重庆 (2 所)	重庆大学	西南大学	
河北 (1 所)	华北电力大学（保定）		
山西 (1 所)	太原理工大学		
内蒙古 (1 所)	内蒙古大学		

辽宁 （4 所）	大连理工大学	东北大学	辽宁大学
	大连海事大学		
吉林 （3 所）	吉林大学	东北师范大学	延边大学
黑龙江 （4 所）	东北农业大学	东北林业大学	哈尔滨工业大学
	哈尔滨工程大学		
江苏 （11 所）	南京大学	东南大学	苏州大学
	河海大学	中国药科大学	中国矿业大学（徐州）
	南京师范大学	南京理工大学	南京航空航天大学
	江南大学	南京农业大学	
浙江 （1 所）	浙江大学		
安徽 （3 所）	安徽大学	合肥工业大学	中国科学技术大学
福建 （2 所）	厦门大学	福州大学	
江西 （1 所）	南昌大学		
山东 （3 所）	山东大学	中国海洋大学	中国石油大学（华东）
河南 （1 所）	郑州大学		
湖北 （7 所）	武汉大学	华中科技大学	中国地质大学（武汉）
	华中师范大学	华中农业大学	中南财经政法大学
	武汉理工大学		

湖南 （3 所）	湖南大学	中南大学	湖南师范大学
广东 （4 所）	中山大学	暨南大学	华南理工大学
	华南师范大学		
广西 （1 所）	广西大学		
四川 （5 所）	四川大学	西南交通大学	电子科技大学
	西南财经大学	四川农业大学	
云南 （1 所）	云南大学		
贵州 （1 所）	贵州大学		
陕西 （7 所）	西北大学	西安交通大学	西北工业大学
	陕西师范大学	西北农林科大	西安电子科技大学
	长安大学		
甘肃 （1 所）	兰州大学		
新疆 （2 所）	新疆大学	石河子大学	
海南 （1 所）	海南大学		
宁夏 （1 所）	宁夏大学		
青海 （1 所）	青海大学		

西藏 (1所)	西藏大学		
军校 (3所)	第二军医大学	第四军医大学	国防科学技术大学

2018 年中国"双一流"大学名单

"双一流"以学科为资助主体,每 5 年调整一次名单,39 所 985 大学加上郑州大学、云南大学、新疆大学,其余 211 高校全部"落选"。

1.原"985 工程"高校进入 A 类,共 36 所"双一流"大学(实力超强):

清华大学、北京大学、复旦大学、上海交通大学、浙江大学、南京大学、中国科学技术大学、武汉大学、国防科学技术大学、中国人民大学、北京师范大学、华中科技大学、四川大学、中山大学、吉林大学、南开大学、天津大学、西安交通大学、中南大学、哈尔滨工业大学、山东大学、厦门大学、东南大学、北京航空航天大学、同济大学、大连理工大学、华南理工大学、华东师范大学、电子科技大学、重庆大学、西北工业大学、中国农业大学、兰州大学、北京理工大学、中国海洋大学、中央民族大学。

2.原"985 工程"高校进入 B 类,共 3 所"双一流"大学(实力较强):

东北大学、湖南大学、西北农林科技大学。

3.新增进入 B 类,共 3 所"双一流"大学(实力一般):

郑州大学、云南大学、新疆大学。

二、那些让我们仰慕的学长

有梦想的地方才是远方

蒋河川

蒋河川

【个人简介】蒋河川,男,汉族,中共党员,1994 年 9 月出生于四川省南江县长赤镇,2012 年毕业于四川省南江县长赤中学。以南江县理科第二名的成绩考入清华大学热能工程系,在校期间曾多次获得国家级、校级奖学金,学习成绩优异,大三上学期成绩为系第一名。现已被保送至清华大学燃烧能源中心攻读博士学位。

【求学经历】

多少追梦的身影,奔跑着拥抱希望。

一路同行的人们,心中暖洋洋。

阳光路上,无限风光。

前进的脚步日夜兼程,不可阻挡。

——题记

成长篇

我自幼生活在四川省南江县长赤镇,一个落后的山村小镇,见过了太多的生活疾苦,深知既然不能选择成长环境,那么就只有通过自己的不断努力来改变未来。带着这样的一股冲劲,我一路拼搏,实现了自己年少时的梦想。

对于长赤中学,我有着别样的情感,是她陪我度过了最天真烂漫、最单纯地追逐梦想的中学时代。我初中就读于长赤中学初 2009 级 2 班,在班主任刘全华老师的教导下,我由入学时的成绩平平到中考时的全县第二名,此中艰辛我就不再赘述。我只想表达对老师们对长赤中学的感激之情。一个人在成长的过程中一定不要否定自己,没有人从一开始就注定了美好的结果,结果是自己创造的而不是注定的。2012 年,我以县第二名的成绩考入长赤中学高 2012 级 10 班,高中的班主任是秦发庭老师。说实话,由于入学时我是当时的年级第一名,所以刚入学我的压力就很大,害怕被人赶超过去,后来在老师的开导下,我的心态逐渐摆正。我深知:学习是自己的事,你可以以别人为目标,但不能以别人为对手,你的对手永远都是你自己,超越了自己也就获得了成功。高中三年我的成绩很稳定,但我深知这样的成绩离自己的目标(清华大学)还有一定的距离。在高三时,物理老师杨小松老师鼓励我参加清华大学新百年计划——自强计划的选拔。在杨老师的帮助和指导下,我成功地通过了自强计划的选拔。在之后的高考中,我也发挥正常,最后顺利地进入清华大学热能工程系学习。

谢谢这一路伴我成长的人们,是你们的阳光使我在这路上步伐稳健地前行!

大学篇

学习方面,我在刚步入大学时,有诸多的不适应:课程难度大、知识面广,同时受一些所谓"60分万岁"的思想的影响,大一上学期成绩不是很理想。但我逐渐意识到大学学习的重要性,在清华这个人才荟萃的地方,为了能够快速成长起来,我必须努力学习,必须在每一方面尽自己最大的努力,不求最好,只求更好。在自立自强精神的指导下,我的学习成绩一年比一年好,在大三时我的成绩为全系第一名,最终以优异的成绩保送至清华大学燃烧能源中心攻读博士学位。

生活中,我热爱体育运动,在清华体育精神的熏陶下,我积极参加各种体育赛事,加入系足球队,积极地锻炼身体,希望将来能够保持健康的身体为祖国做贡献。同时我也参加过许多志愿活动,例如国庆志愿讲解、园博会长走,LIBS国际会议志愿者等,不忘感恩社会,回报社会。现已入选热能系2016级航空定向生辅导员,希望以自己的经验帮助学弟学妹们成长。

课余活动中,学习的同时,我也不忘其他能力的培养,先后担任校

TMS 读书社组长、热能系学生会文艺部部长、校团委宣传部基层组副组长、热动 23 班班长,清华大学创业协会副主席,先后组织过"昆山杯"第十七届清华大学创业大赛、清华大学公益创业实践赛、系学生节、新生舞会、新生晚会、读书活动、班级活动等。

实践路上,每年的暑假我都会参加实践活动,从专业学习方面的能源环境与认知实践、热电厂模拟控制实践、赴东芝水电学习实践到兴趣主导的英语夏令营、赴山西右玉县农村调研、藏传佛教文化研究等。这些活动都极大地丰富了我的课余生活,拓展了眼界。

前进的路上依然充满荆棘,但没有什么困难能阻挡我坚定的内心和日夜兼程的脚步。

分享篇

我想给学弟学妹们分享以下几点建议:

第一,摆正心态。一定要意识到自己努力学习是为了什么,不是为了父母、老师,而是为了自己,学习是自己成长的基石,辩证地看待"学习无用论"和"唯学习论",在努力学习的基础上全面综合发展。

第二,充满自信。作为一个来自四川偏远山区的学子,我刚到北京读书时也有过自卑,但我也拥有自信,我相信每个人都有自己的长处,我们要充分发挥自己的长处,同时学习弥补自己的不足。

第三,劳逸结合。我个人主张劳逸结合,学习工作有张有弛,在努力学习的同时,不要忘记参加体育活动锻炼身体,不要忘记参加社会活动拓展视野,不要忘记参加文娱活动放松身心。

第四,永不服输。把一件事坚持做好就是成功。在未来成长的道路上我们可能会遇到很多的困难,我们需要的是永不服输的精神。这不是一句口号,而是需要我们付出做任何一件事都有始有终,遇到问题不逃避,要想办法努力解决的实践。

结束语

最后,感谢陪伴了我六年的母校,感谢我所有的老师以及学校领导的教导与关心,没有你们的帮助,就没有我的今天,千言万语化作两个字:谢谢! 在此,衷心地祝愿长赤中学越办越好,祝愿所有的学弟学妹们实现自己的理想!

美若黎明

李含志

李含志

【个人简介】李含志,长赤中学 2013 届毕业生,以 671 分、巴中市理科第三名的成绩考入清华大学,就读于清华大学水利水电系。

【求学经历】

当我看不到通天的道路,像在迷宫里寻找,可我忘不掉曾有的瞬间,心里升腾的美好……当我又看到无边的虚无,似乎注定无处可逃,可是我知道有人在寻找,寻找从未见的美好。

——题记

这是歌手李健在歌曲《众妙》中的歌词,每每听到此,我便不禁一阵唏嘘,我觉得它就是对我整个成长经历的总结。从一个懵懂无知的农村孩子,为了一个走出农村的愿望,在人生的道路上不断试错,不断调整自己的状态和目标,在不同的平台上展现自己,转变成了一个可以对国家和社会有所贡献的知识分子;在迷茫和无助的时候,感谢帮助过我、与我同行的人,跟他们在一起的美好瞬间,以及他们对目标的不懈追求,给了我莫大的鼓舞和信心，让我不断突破自身的局限，开始掌控自己的生活，有能力去追求自己想要的东西。这就是人生的美好，也是人生的妙处，我相信很多人都能从歌词当中看到自己的影子。

很荣幸能以一个学长的身份向长赤中学的学弟学妹们分享自己的人生经历。当然，我的人生经历算不上典型，很普通、平凡。所以我想就在学生阶段比较重要的几个问题发表一下自己的见解，其中也穿插我的个人经历。我希望看到这篇文章的你们，能够感受到我的真诚并对自己的成长有所思考。

第一个话题是位置与状态的关系。我的感悟是：重要的是你的状态，而不是你的位置。第一个故事：我跟大部分长赤中学的学生一样，都是从农村来的，是农民的孩子。农村的学生和城镇里的孩子相比，家庭条件不好、没有舒适的生活、没有父母的陪伴，小小年纪就要承担家庭的重担，也许还要小心翼翼地保护自己强烈的自尊心，偶尔跟自己心中小小的自卑做斗争，这些我都经历过。我记得小时候家里农忙的时候，爷爷奶奶没空烧饭，放学回家后，我还得自己烧饭，那时候小，不会炒菜，我就盛一碗米饭，倒点开水拌着吃，没味道的话就撒点盐，这样的状态，往往一吃就是半个月。在我的印象中，小学就是这样过来的，我相信，现在已经很少有人会有这样的经历了，那个时候，唯一能让自己感到一丝优越感的，就是老师的表扬。所以，我努力地学习，就是希望自己的身上能有一些闪光的东西，让别人忘掉我其他的存在，对于我的认知都是"这是一个学习成绩好的学生"。所以,你到底是农村学生,还是城里学生,真的不重要,你只需要知道,你是一名学生,学习是你的第一要务,保持积极学习的心态才是最重要的。第二个故事:我刚入高中时,成绩是全县第76名,如果正常发展,也就是一个普通的一本,但是我最后的高考成绩是全市第三,被清华大学录取;我高一的时候,英语有时候还考不及格,但是高考时我的英语成绩是141分,位列全市单科第二名。所以,若站在高一的时间节点上,我的位置真的重要吗?不重要。重要的是学习的状态,我觉得不应该浪费时间,既然选定了目标,就勇敢地向前,哪怕是清华,我也丝毫不惧。所以,状态才是真正重要的东西,时间的长河不逝,现在的位置会逐渐变成过去式,每一个人都在追逐未来,因为只有未来才给了你攀登更高峰的机会,而不是故步自封,在时间的洪流中回忆往昔。第三个故事,会更现实一点。在机场,贵宾厅里面的人们大多在阅读,而普通舱候机区的人全在玩手机,这个故事告诉我们一个人把时间花在什么地方,就会成为怎样的人。就算现在的你还在经济舱,要不要给自己的人生升舱,主动权全在自己。所以位置无关紧要,但是一定要保持"人在经济舱,志在头等舱"的状态,与君共勉!

第二个话题,关键词是平庸。讲一个我的故事,刚进入大学的那段时间,我很苦闷,甚至很抑郁,每天都活在焦虑之中,因为我发现在这群多才多艺的同学之中,自己一无所长,连唯一的优势——学习好,也没有了,成了一个完全平庸的人。我急需摆脱这种状态,于是我主动约辅导员和老师聊天,希望能从他们的大学经历中找到解决的办法。后来,我找到的解决办法是在保证学习成绩的情况下,实现自己的多元发展,简称"学习+贴标签"。首先,大一主攻学习,保证自己的学习成绩能够达到免试推研的要求。然后,我开始给自己贴标签,暑期实践支队长(获得了系实践二等奖)、班级团支书(获得了校甲级团支部)、清田实践五期成员、"林枫计划"四期成员(每年录取15名)、经济学双学位、清华大学学生川渝文化发展研究会会长,就这样,在不断地给自己贴标签的过程中,我变得特别起来,也不再是一无所长,当然,这其中付出的艰辛,只有自己知道,不过现在看来,一切都是值得的。我想以我非常敬仰的一位清华学长说的话作为总结:"想要成为特别的人,就要敢于做特别的事。不承担一点点风险,去笃定地做自己认为是对的事,怎么会有回报呢? 不知道该做什么的时候,就要先做起来。"我想,很多初入初中或者高中的学弟学妹都会遇到像我一样的情况,突然觉得自己很平庸,想要改变,却又无从下手,当然这种感觉,在你们初入大学的时候会更加强烈,所以以上的感悟就当作我送给你们的大学寄语。对于现在的你们,要想摆脱这种平庸的感觉,就要笃定地做一件你们认为是对的,而且作为学生无可选择的唯一的一件事情——学习。但请记住,你是跟全县、全省以及全国的学生较量,不要因为成绩的起伏与同班同学疏离,因为他们是与你并肩战斗的人,而且正是因为他们的存在,你才显得特别,因为你的标签就是他们!

……

　　篇幅有限，我的故事就分享到这里。通过这几个故事，我不是想塑造一个完美的学长形象，我曾经自卑过，我曾经成绩并不是很突出，我也在人生得意之时有过迷茫、无助和焦虑。但我想告诉大家的是：始终保持着一颗成长的心态，面向未来，不断地给自己设置一个又一个目标，然后攀上一个又一个高峰，拒绝故步自封，拒绝平庸，笃定地做自己认为是对的事。一步一个坚实的脚印，换来的将是满满的收获。

　　或许现在的你，在初入中学时，成绩比我差，没关系，我就是一个鲜活的例子；如果你成绩比我好，那我就是你超越的目标。我希望我的分享，能够对你们的成长有所帮助。

　　题目为什么取做"美若黎明"（李健的一首歌曲名）？因为这既代表了我对你们的期望——珍惜时光，也代表了我对你们的祝福——快乐前行。

超越极限,追逐梦想

苏星宇

【个人简介】 苏星宇,男,汉族,出生于 1996 年 6 月。长赤中学高 2015 届毕业生,以 655 分、巴中市理科第一名的成绩考入清华大学热能系。爱好广泛。喜欢听音乐、看书、看动漫等。对数学、物理等基础学科的知识有较强的求知欲。

苏星宇

【求学经历】

个人觉得我成长至今的生活经历算是比较丰富的,经历过多次转学,有失败、有努力、也有"辉煌"。

父母在上海打工,我自幼便跟随他们在当地读书。三年级下学期,我转回老家的村小就读,全班只有一个女老师教课。记得当时成绩平平,没什么特长,特别羡慕班里的一个背书特别快的女生。印象特别深的一次经历是"刷夜"。那是有次考试的字词拼写全班错得一塌糊涂,老师气得大发雷霆,让每个学生回去抄一千遍,大概两万字。我回去拿了个新本子认认真真地抄,加上写字慢,抄了一整夜。等上床去睡的时候已经听到鸡鸣声了,大概已是凌晨四五点。结果第二天去了学校,发现全班就我认真抄完了。现在想来，自己就是凭着那股子"蠢劲"才走到现在的吧。

六年级尚未结束，出水痘在家休养时，发生了汶川地震。后来全校停课，在外婆家院子里打地铺，不知怎么的膝盖处每天疼得不行，去医院检查也没结果。母亲很担心，赶回来把我接去上海。

上海当地的学校招生条件十分严格，加上是外来人员，最后还是凭着灾区过去的"身份"才成功入学。当地英语学习早，而我基本没有接触过。记得当时报名前教导主任考我的能力，让我在办公室做一张英语试卷，结果我一个单词都看不懂，只能从上下文里找单词乱填，最终得了 21 分（满分 100 分）。

最后，进去读的是预初（即六年级），相当于留级，最大的困难仍然是英语。开始进的是四班，英语基本听不懂。第一节英语课结束后，家庭作业是三个单词"nephew""daughter""cousin"各抄五遍，我回去抄了整整十分钟！每个单元都有单词背诵，要求背一遍并拼写，我经常放学后被留下来背很久。第一次月考英语得了 29 分。

说没想过放弃是不可能的，常常想着想着就哭了，也想过离家出走。有一次上学走到半路，心一横没去学校，就在学校附近转悠。后来老师通知家长，妈妈从厂里请假把我带回家，我们哭作一团。

第一次月考后，我被转到了六班。我决心要努力克服英语的难关，加上六班的英语老师人很好，上课大都讲中文，慢慢能听进去一些了。我坐在第一排，每次听课都十分认真，上课时老师讲到任何一个短语，就立马把它记在笔记本上,不管自己熟不熟悉,不管已经记过多少次。每天都要复习,回家后让妈妈抽背,听写常常满分。期中考试英语得了 47 分,第三次月考英语上了 69 分,之后再也没有下过 70 分。现在想来都有些不可思议,但确实是自己刻苦努力赢得的结果。后来上课时老师总提到我,用来告诫其他不认真的学生,久而久之,甚至连别班的人都知道我的名号了。

外来人员在当地不能参加中考,除非满足特殊的家庭条件。记得班主任曾经许诺,如果能保持年级前五名,就想办法让我留下参加中考。但当时玩心太重,始终没进到年级前五。或许是因为我学习英语时的认真劲,班主任曾经对全班说过,我很有可能考进清华或北大。一直到高中,这句话都始终激励着我。

初二回老家念书,进入长赤中学。当时成绩一般,还特别痴迷看小说,是班里的几个小说狂人之一,基本每天看小说超过五个小时,又爱去网吧打游戏。后来初三上学期的时候,期末考试前放假,当天晚上就跑到网吧去玩,十一点左右被来检查的老师抓个正着。一起"遭殃"的还有当时六班的第一名,我们被送到学校保卫科,英语老师过来"接手",罚做俯卧撑,我们纷纷跟老师表示以后不去了。后来也收敛了许多,学习也逐渐认真起来了,考到了年级第一,中考为全县第三名。

初三结束的暑假,进了长赤中学的"夏令营",和担任班主任的数学老师比较合得来,他甚至还把手机借我用了两个星期,但要求我在暑假要自己预习数学和物理。于是我开始看书预习,买辅导书做题。高一开学的时候,两本辅导书已做了差不多一半,其明显的好处是:进入网班时很多人跟不上成都七中老师的进度,我却觉得没什么压力,还可以在课余时间自学教材内容。

自进入高中后,成绩一直保持年级第一,和高一时打下的坚实的基础分不开。那时每天忙于学习,课堂外花了大量时间加强理解。班主任每天陪我们"苦战",早上来得最早,晚上走得最晚,每天晚上都留下来给我们答疑。到了高二,可能因为成绩上一直没有受过什么"威胁",慢慢地有些松懈了,学习之余看些杂书,那段时间看了《水浒传》《红楼梦》《聊斋志异》,于是成绩稍有下降,受了老师不少"提点"。语文一直是我的硬伤。有次语文老师把我叫上去,指点我作文,听了十多分钟我基本都没听进去,教学式的语文确实不太适合我这种纯工科思维的学生吧。

最后到了高三,虽然来自老师和家长的学习压力有增无减,但我的心反而更加自由了。没有成天的新知识,没有开小差时老师的纠正,可以没事发发呆,走路时依旧看看书。那段时间我看了些川端康成的书及其他课外书,如《窗边的小豆豆》和《且以永日》,感觉心中越发的平静了。直到高考那段时间,也没有出现过因为紧张而睡眠和饮食质量下降的情况。

进入大学,变得相对自由。没有约束以后变得有些散漫,但清华的学习任务不怎么轻松,体育锻炼也不容忽视。高中时锻炼很少,导致我体能不行。记得我入大学第一次测一千米的时候天气很差,跑完马上就吐了,后来几次跑三千米也是一直坚持着,但跑完马上吐。慢慢地我也能跑下来了,甚至最后测三千米还及格了。总体来说,我还算是没有虚度大学光阴。学习之余我在社团里参加一些活动,天气好的时候去跑跑步,有喜欢的讲座就去听,相比高中而言完全是不同的空间了。

希望学弟学妹们能够努力向着自己想要成为的人而奋斗。我们都有着梦想,哪怕只是广义的梦想,只要有着能够努力的方向,为何要虚度自己的青春呢? 何不试着努力,看看哪里是自己的极限,将那些自己曾经不曾想过的梦想实现!

携一段时光，让青春轻扬飞舞

金凤

金凤

【个人简介】金凤，女，2017 届毕业生，初中就读于红光中学，高中就读于长赤中学，高考数学 150 分，以巴中市理科第二名的成绩考入清华大学。

【求学经历】

其实我不常习惯回忆，倒不是因为没有什么可以回忆的，而是记性不好，回忆起来比较吃力，再者往事如烟，无力回天。走到今天这一步其实最大的感触就是"往事忽已矣"，时间就这样悄悄走过、流逝，觉得许多事情就是忽然这样了，自然而然，想让人说明白，也说不明白。唯有以前司空见惯的人如今却是这样想念，一起疯过闹过的场景现在还记在心里，曾经真是一首难忘的诗。

记得才刚入校时，我的成绩不是很太好，对初中的物理化学只有茫然二字，语文更是不及格，只有数学一直还算不错，但我觉得，但凡真正把心用在学习上的，成绩绝不会有多差，而初中我最大的毛病就是好玩，只对我感兴趣的科目用心学。而高一的时候，因为初中的好友都各奔东西，周边的同学又都不认识,唯一认识的还是个关系不太好的男同学,所以我就完全没有玩的心情了。高一那年可能是我最孤独的一年,也是我成绩上升最快的一年,回想起来,我都不敢相信当时自己怎么做到那么认真的,每一天准时上学,中午吃完饭就到教室做题,上课时也特别认真。但是造就我成绩上升的原因主要是自己初中数学不错(而我高中应届班主任秦老师是数学老师),高一没分科时自己只学理科的课有关系。但是随着我逐渐熟悉了周边的环境,结交了一群好朋友的时候,我却又开始对学习不怎么上心了,沉迷于手机,中午总是拖到快上课了才往学校赶,熬夜玩手机已是常事,但因为自己还算不错的成绩排名,我始终觉得没多大关系。高二、高三时早已没了高一学习的劲儿,却还不清醒。直到经历了一次高考,遭遇了理想与现实之间的落差,自己才后悔起来,以往追过的电视剧、玩过的游戏、看过的小说……都成了我追悔莫及的事情。

但是选择复读的道路也并没有想象中的一帆风顺,当初为了弥补遗憾的热血在同学们和父母的劝说担忧间消耗殆尽,我的心在沉浮,可能心酸就是这样的感觉,天地之大,不知道自己该属于何方。但是感谢那些给我关怀的老师,我的语文老师薛老师就这件事多次和我谈心,还有我复读班的班主任黄老师及各科老师也都关心着我的心态,希望我不要有任何压力。同时我还要感谢陪我度过那段难熬岁月的好友,是他们分担了我的痛苦与压力。那一年,我也不再沉迷手机,我虽然天天还是克制不了地想看手机,但平时也只是看看 QQ 聊天,熬夜玩手机那一年也就偶尔一两次。周六我也会选择去逛街,去草坪上坐坐,去夜空下的操场转转……压力要学会自己疏解,那一年让我想明白了很多事情,也发生了很多事情。

但是每个背负着高考的学生,不可能没有压力,更何况是复读。考的次数越多,越感觉对于把知识已经掌握差不多的我来讲,发挥很重要,我可以考750分也可以考0分,这就像一场运气的赌博,发挥的不确定性太大,让人心中很不安稳。但是既然这是场有关运气的考试,还是尽我最大的努力就行了,而最终可能还是运气不错,发挥也不错,所以结果也不错。

如今在北京,又开始了一个全新的环境,这里的各种社团活动很多,需要去展示自己的才华。虽然机会很多,但还是应该静下心来弥补和别人的差距,才能真正抓住机会,未来变数很多,自己想奉献一生去做的事情虽然已经明了,但是小阶段的目标还并不清晰,而这需要时间来慢慢解答。

忆往昔,峥嵘岁月如歌

张依帆

【个人简介】张依帆,女,1997年11月出生,长赤中学高2014届毕业生,南江县理科状元,现就读于浙江大学化工学院过程装备与控制工程专业,辅修日语专业。

【求学经历】

我的高三和大部分人相比起来是有些特别的,户口在南江县,却因为爸妈的工作,自小生长学习在西安市,直到高二结束。高二暑假我回到并不熟悉的老家,转入长赤中学,在陌生的环境里开始了我的高三生活。

回到老家之前,我的学习与生活一直顺风顺水,在原来的学校名列前茅,父母将我照顾得无微不至,我只用搞好我的学习就行。可是,高二结束后,随着我转回原籍,一切都变了。陌生的四川方言、和西北不一样的潮湿气候、陌生的老师和同学、从未体验过的远程教学方式、突然需要独自解决所有生活起居问题,等等,一切都那么陌生,让我花了很长时间都难以习惯,其中,对我打击最大的是身处陌生环境的强烈的孤独感。

从未离开过父母却突然要自己一个人生活整整一年,习惯了父母照顾却突然要独立起来，还是在学习最紧张压力最大的高三时期。刚转回长赤中学的我每天都几近崩溃，难以融入同学，不习惯授课方式，跟不上教学进度，强烈思念家人……种种原因都让我无心学习，成绩一落千丈，让原本打算上北京外国语大学的我对学习失去了信心，甚至到了厌学的地步。我曾经以为我的人生就只能将彩色维持到这时候了，可是时间最终证明，是我太矫情了。

慢慢地所有的陌生变成了熟悉，我终究还是习惯了忍受这种强烈的孤独感，虽然内心仍然抵触这种孤独感，但从另一个角度来说，孤独感也成了对我的鞭策，我太想逃离它的魔爪，不得不快马加鞭强迫自己努力学习，考上理想的大学，开始幸福的生活。因为如果不努力学习，复读意味着我还得在这要命的孤独中再挣扎一年。

习惯之后，学习与生活便步入了正轨，成绩回升到了前几名，生活上也基本独立了。我没有参加什么竞赛和自主招生，随着大流，日复一日地刷题，备战高考。每天机械地重复着满篇数理化生的演算弄得我头昏脑胀，心力交瘁，却又不敢有丝毫放松，生怕他人鼓足了劲向前冲把我超了去。说来也有些好笑，因为喜欢日语，我那时候目标是上北京外国语大学学语言，刷题累到睁不开眼时鼓励自己的话都是"加油啊，这一年多刷些题，以后就再也不用学数学物理了"，这个看似肤浅的信念支撑了我整整一年。然而最终还是学了工科，不过这也是后话了。

高三的我，虽然已把四川方言学会了，却还是无法完全融入身边同学,说实话我自己也没什么兴趣,还觉得独来独往的自己真是酷。因为勤学好问,我和老师们的关系都非常好。当晚自习前班里讨论题的声音太吵,或是有时候大家为了放松全班一起看电影,我都会背起书包跑到教师办公室随便找个位置坐下来刷题,雷打不动;课间休息的时候,大家都抓住仅有的几分钟空闲补个觉,聊个天,买个零食什么的,我还是经常追着要回办公室的老师问几道题;在大家都在抱怨作业多得写不完的时候,我还跑去问老师能不能帮我打印些别的学校的试卷让我练练。这些举动在别人眼里多少有些特立独行,可是就是因为坚持这样做,我高三一年的成绩并没有过什么大起大落,一直保持着前几名,在最终的高考中,一举夺得了全县理科第一名。因为超出目标很多,便放弃了去北外专修日语的初衷,毅然选择了更好的浙江大学学工科,不过热衷的日语成了我的辅修,如今也已达到了很不错的水平。

高三给我的感触太多,除了考上了不错的大学,我还收获了很强的独立能力、踏实前行的恒心、偶尔失败后不气馁、迅速整装再战的能力,等等。最重要的是,经历高三,我能够将一切正面、负面因素都化为我前进的动力,每天都跟打了鸡血一样激情满满,每天都对自己有新的要求与期待,并竭尽全力去实现。当我能够不畏惧孤独,反将孤独作为鞭策我向上的动力时;当我能够克服对我打击最大的困难,反将其当作我实现目标的垫脚石时,还有什么我做不到的事呢?

关于高三,每个人都有不同的故事,或多或少的感触。对于我来说,不求高三的历程有多么曲折、多么辉煌、多么励志，使人听后激情澎湃、潸然泪下，但求有朝一日当我回忆起这段特别的日子时，能够心无遗憾，有内容可以回味，并且能打心底感谢那时候那么努力的自己。当你回想起你的高三时，你会想些什么？不妨为了将来回忆起时能够感激现在的自己，立即行动起来，改变现状吧。最后，永远不要让负面情绪主导你的生活，请对每一个明天充满期待。

珍惜生命中那一段沉默的时光

李秦尤

【个人简介】李秦尤,长赤中学高 2011 届毕业生。南江县理科状元,
2015 年毕业于同济大学土木工程学院。

【求学经历】

人的一生在自己的哭声中开始,在别人的哭声中结束,中间的过程便
是生活。很庆幸自己的生活一直如此幸运。小时候的生活,是炊烟袅袅,
潺潺流水,母亲的吆喝声。当天蒙蒙亮,就被母亲叫醒,牵着一头牛,伴随
着露水,和一群小伙伴相约放牛,牛群们吃着青青的绿草,人们嘻嘻闹闹,
相互打闹,偶尔独处时,或席地而坐或慵懒地躺在草地上,眼睛望着山的
那一边,天是那么蓝,无边的想象,在母亲喊吃饭的吆喝声中回过神来,知
道吃饭的时刻到了,便高兴得不能自已,因为肚子早就在"唱歌"了。那时
的生活就是这么简单的快乐,吃好饭、使劲玩就是最大的满足。

高中青绿的梦

时间如白驹过隙,到了高中。高中的生活是奋笔疾书,挑灯夜读,力
量充斥着全身。我有一个梦想,就是走出大山,走出土寨村,到外面精彩
的世界看一看、瞧一瞧。而对于农村的我,没有背景,眼前最好的选择便

是好好读书,有一个好的前途。和班主任的谈心,都让我感觉到满满的能量,他不仅是我的良师,更是我的益友,有什么生活或学习上的困难,他都会帮着我解决。班上的同学是我的战友,我们同窗苦读,我们玩笑捉弄,我们一起成长,一起进步。高考场上的我是镇定自信的,平常心心态,所以发挥的很好,最后,我选择了去上海读书。

大学充实的学

大学的生活,自由而美好。没有高中繁忙的学业,属于自己的时间很多。大一的时候确实有些许迷茫,像在大海中迷失了方向,但是我让自己冷静下来,听一听自己的心声,想一想自己的初衷,于是重新找到了方向。想一想资助我四年学费的蒲叔,想一想我的老师,想一想自己的父母,我要报答他们,所以不能让自己颓废。于是我利用平时的空闲时间,积极投身社团活动,自学有用的软件,多看一些书来充实自己,也腾出一些时间,和班上同学在寝室组织一些活动。我这样的日子过得很快乐,很充实,四年日子恬静而美好。

工作踏实的干

现在走向工作了,也有一些生活感悟。首先要有不怕担大是大非的能力,要经得起辛苦,耐得住寂寞,抵得住诱惑。没有人不喜欢享受生活,但是享受分为消费性和创造性的享受。辛苦攒钱买了部苹果手机,理所应当地属于消费性享受，但这种享受不持久，需要不断地消费更高层次，才能继续得到享受的感觉，而创造性享受如写文章、做题目，甚至发明创作则是朴素持久的，是更高一级的，所以这须要我们不断提高自身修养，充实精神。另外一个感悟就是交友须谨慎，因为一个人的成就一般是他最亲密的六个朋友的平均。

最后分享一段话吧。每一个优秀的人，都有一段沉默的时光。那一段时光，是付出了很多努力，忍受了很多的孤独和寂寞，不抱怨不诉苦，只有自己知道，当日后说起时，连自己都能被感动的日子。我只是希望，我在今天的每一丝微笑都比明天要灿烂，我的每一滴泪水都比明天要沉重，即使是我的痛楚，也比明天要尖锐和富于激情。比明天年轻，这就让我从不有意去让自己懈怠。

勤奋筑就梦想

高珊

高珊

【个人简介】高珊,女,出生于 1998 年。2015 年以 608 分考入中国人民大学数学与计算机专业。

【求学经历】

其实我一直都不是一个聪明的人,但因为从小父母的严格管教,成绩也还算可以。从小就是一个乖乖女,老师父母说什么就做什么,虽然看着无趣单调了些,也会厌倦,但当自己执着于干一件事的时候,总是安定的。我内心是一个很爱玩的人,也是一个很爱搞笑的人。所以平常和别人在一起时都能逗别人笑,很多时候也都能有办法让自己宽心不至于总是焦虑心烦。

小学、初中的时候,成绩都还不错,而刚上高中时自己成绩很差,在年级上排到了 100 名,究其原因是初中毕业放假玩得太忘我了,以至于上了高中,便缺少了一股学习的劲头。但是,我骨子里天生就有一股不服输的劲儿,高一的失败对于我而言是一种鞭策,我开始担忧,开始慌张,也开始不甘心,不甘心自己比别人差。所以那个寒假以后就开始努力。努力的方式其实很蠢,就是努力完成老师作业而已,那个时候其实自己的作业基本做不完,老师讲的如同天书,整个人都是迷茫的。但终归在这方面天不怕地不怕的,想着大不了慢慢补,就一个人硬着头皮向前冲,遇到不会的题就反复看反复做,就这样成绩一点一点开始好转。

其实很多时候学习真没什么技巧,自己埋头苦干,反复看,大不了累点,大不了从头再来,梦想总归是会实现的。而且当你苦到了一定程度,你会发现很多旧知识开始迎刃而解,很多新知识的理解就开始变得简单,学起来更容易。

经过一个学期的努力,我在高二上学期慢慢有了做题的感觉,不会觉得上课是听天书,做作业也会开始容易一点,但这远远不够。我记得物理老师在讲受力分析的时候,上课会列出很多种类,举很多例子,我就会把那些例子都抄下来,老师一边讲,我一边记,跟着老师的思路走,也许在外人看来我的笔记做得并不好,但笔记是做给自己的看,没有必要把它做得很整齐,但那必须是适合你自己的笔记,可以像有的人只记题目,或者用不同颜色笔写下答案,更好的建议是可以写下方法或者错的原因。

高三真的是一个很重要的阶段,通过高三的复习可以让各科形成知识体系,能帮我们加深对知识点的理解。就比如刚刚说到的受力分析,老师讲完之后我依然不太会做题,可是到了高三再回过头来一看,突然就觉得很简单。在经过多次练习以后,在学到了其他知识以后,很多之前不能理解的知识点理解起来也轻松多了。老师上课时会反复提醒各种易错点,你需要把它记下来,也许有的人会觉得这样做很笨,但这确实是有用的。我本身就是一个很马虎的人,做题时常常粗心犯错,但是我每次还是会把易错点记下来,考试前看一看,有的时候看到的易错点,在考试时便不会再犯。

絮絮叨叨地说了这么多,希望对大家有用。最后给学弟学妹们一句忠告:在高考结束后的几个月不要只想着玩,要提前看一些大学里要学习的内容,多看看英语,为你迈入大学校门做好充分的准备,你的大学生活将会更顺利更轻松。

觉醒方能追逐

张旭

张旭

【个人简介】张旭,男,1993 年出生于一个农村家庭,长赤中学高 2011 届毕业生,以南江县理科第二名的成绩考入浙江大学。

【求学经历】

小学是我最艰苦的时候,相信从农村来的孩子现在都很少有这样的经历,因为现在的农村已经不像过去的农村那般落后了。记得我小学的时候,家里农活很多,经常下午五点放学回家,就去帮父母干农活,一直做到天黑才能回家,这个时候才有时间吃点饭开始写作业。我很庆幸我有个很好的母亲,她经常让我少做农活多留时间出来学习,并且在晚上的时候,她经过了一天的劳累还认真辅导我的功课,在我累了困了的时候她都还在帮我思考题目应该怎么做。犹记得《暑假生活》上面的数学难题有些是她琢磨好几天最后解出来并讲给我听。

母亲的这种钻研劲对我的影响也非常大,我在她的影响下对学习也变得非常认真,遇到难啃的硬骨头不肯轻易放弃,总要尝试各种方法,算不出来就不睡觉，有时候太晚了父亲催我睡觉，我当作没听到还在煤油灯下算个不停，而母亲也在一旁陪着我。白天有时候去放牛，我就带上爱看的小说或者科普读物，让牛自己在坡里吃草，自己躲在树下看书，有时候看得入迷，牛把庄稼吃了都不知道。在这期间，我看了很多科普类的书，天文地理，风俗人文，都有不少的拓展。整个小学阶段逐渐形成了我后来对学习严谨踏实的态度。

到中学时代，我见识到了什么叫天外有天人外有人，我还记得当时初中李斌老师上的第一堂数学课，用三角形和竖线拼图形，同学们的想法真是千变万化，很多同学上黑板拼出了各种各样的图形，我感到非常惊讶。中学班级里人才济济，我第一次考试成绩并不优秀，那个时候觉得自己好像一滴水掉进了大海，周围比我厉害的人太多太多了。我当时性格很内向，不敢和不熟悉的人开口讲话，和女生讲几句话耳朵都是红的。后来我慢慢和周围同学熟悉了，也敢和他们讲话，敢于向他们问问题，甚至问优秀的同学怎么学习的，后来我才知道，原来学数学要做很多很多题目，才会触类旁通；英语要记下很多短语和语法，有根据才不会选错；语文也是有固定的答题格式和分析方法，知道考点更容易答得得心应手。我博采众长，并化为己用，后来我的学习成绩就逐渐上升。

到高中的时候，我的成绩基本稳定，老师也比较关心我，我的性格也逐渐变得开朗。不得不说班主任的眼睛是雪亮的，什么也瞒不住他。有段时间我青春期悸动，对学习松懈了许多，成绩自然下滑。这个时候我的班主任孙志豪老师把我叫出去问话，问我是不是有情况，马上高三了成绩怎么跌到这么后面了？我笑了笑否认了，孙老师批评了我一顿，当面给了我很多忠告，我现在想起来仍觉得孙老师那次的谈话对我意义重大，他挽救了一个青春期不安的少年。我意识到时间不多了，立马收心学习。高三的日子既是充满痛苦折磨的日子，也是成长收获的日子，很多同学都在高三取得了可观的进步，这无疑跟长赤中学老师们的辛勤教学分不开，也与我们自己觉悟后奋起直追分不开。那一年长赤中学的高考成绩也让老师们心生欢喜。

2011 年我进入浙江大学，通过自己的努力选上了喜欢的专业，开始了四年的本科学习。在大学里我参加了很多学生社团，锻炼了自己的社交能力。参加了很多志愿者活动，通过自己的努力回报曾经给予我帮助的社会。参加了很多的科研竞赛，把理论知识结合实践享受创造的成就感。利用寒暑假时间参加了社会实践，走出象牙塔体验社会。大学四年极大地开拓了我的视野，丰富了我的经历，基本树立我的世界观、价值观和人生观。后来我被保送到本校流体传动与机电系统国家重点实验室阮晓东教授名下做博士研究生。目前正在从事 973 项目大功率屏蔽式核主泵自主化形性协同制造原理的相关研究。

经过了这么多年，我认为觉醒很重要，一个人一旦觉醒了就会知道自己要什么，知道努力，会制订计划，会花时间，会想方设法去追逐目标，这是一种充实的活法。

生命中最美的一段旅行

周鑫

周鑫

【个人简介】周鑫,男,长赤中学 2010 级学生,于 2013 年以 651 分、南江县理科第三名的成绩考入上海交通大学化学化工学院。

【求学经历】

兴趣是最好的老师

回顾十年寒窗,我发现兴趣成就了今天的自己。

在小学前三年,我的成绩并不是十分出色,在学习上所做的也仅仅是按时完成作业而已。直到上了四年级,我对数学突然产生了浓厚的兴趣,那个时候数学教学进度已经不能满足我。于是,一本一整个学期用的练习册,可以在三四天内全部做完。除此之外,我还买了好几本奥数书,但是也根本没有要参加竞赛之类的想法,仅仅是为了满足自己的兴趣,事实上,这些奥数题却为我开发了思维,提升了数学素养。到了初中,对数学的兴趣不减反增。自学了高中的三角函数、数列、二次方程函数等知识,打下了坚实的基础,后来真正到了高中,听数学课完全不费吹灰之力。

爱因斯坦说过,兴趣是最好的老师。孔子亦云,知之者不如好之者,好之者不如乐之者。马良画龙点睛,是因为他对绘画的痴迷。匡衡凿壁偷光,来源于他对知识的渴望。王羲之染黑池塘,是由于他对书法的挚爱。兴趣的力量在于,它能让学习不再是一种负担,而是能让人沉浸其中的趣事。怀着一颗兴趣之心,学习的效率、认真度和掌握程度都能极大提升,从而让自己感兴趣的这一课迅速变为自己的优势科目,取得惊人的进步,进而反过来增加信心,再带动其他科目的学习,是一个良性循环的过程。

因此,培养兴趣十分重要,但培养兴趣也十分困难。没有人天生就对某件事情感兴趣,必须要接触、了解之后才有可能谈得上感兴趣与否,就像爱吃某样东西也得是要在第一次吃过,尝到了味道之后才谈得上喜爱。所以,平日还需认真听课,掌握知识,才能了解各门课的内容,才有可能产生兴趣。

态度决定成败

我在整个高三期间,成绩很不稳定,现在回想起来,主要是由于当时对学习的态度忽冷忽热。最初由于成绩领先较大,心有轻视,加上很多精力没有放到学习上,成绩也逐渐下降,然而这并没有引起我的重视,直到高三下期的一次考试,跌破了 600 分,才让我有所警醒。从那次之后,我调整了心态，除了每天老师留下的作业之外，我还利用所有课间休息时间刷题，全心全意集中到了学习上，坚持了一个月左右。最终在下一次考试中，由 580 分涨到了 650 分，足足有 70 分的进步。

因此，我在此告诫各位学弟学妹，学习一定要保持良好的态度。所谓态度，首先必须认真。认真并不是说整天都趴在桌上学习，而是在学习的时候全神贯注，专心致志，休息的时候也能放开自己，养精蓄锐，而不能在学习的时候想着休息，休息的时候挂念着学习，因为想要同时做成数件事的结果往往是哪件事都做不好。其次必须要严谨。学习、研究都要一丝不苟，不能因为觉得麻烦就放任不管。老师讲课时有不懂之处，课后一定要深思熟虑，或咨询同学，或请教老师，向他们请教答疑解惑。做题考试有错误之时，一定要反复回顾，留下印象，做到不在同一个地方摔倒两次。

学习方法

工欲善其事，必先利其器。如果学习是一棵大树，学习方法就是砍伐它的工具。有人用斧头，有人用锯子，所得到的效果也大相径庭。一个适合自己的学习方法可以让学习事半功倍，变得轻松愉快。然而，很多人觉得自己的学习方法不好，于是盲目地照搬别人的方法，最终落得邯郸学步的下场。有的人早上记忆力强，晚上昏昏欲睡；而有的人早上睡眼惺忪，晚上却精神抖擞。有的人适合朗读记忆，而有的人却适合抄写记忆。有的人掌握新知识很快，但是学到的东西又容易遗忘，而有的人掌握较慢，但是一旦掌握就很牢固。每个人学习过程的特点都不一样，需要相应的方法来弥补，但是切不可生搬硬套，别人的学习方法只能参考借鉴。

不论是什么方法，最终所要达到的效果，我个人认为，是要将这门学科的知识体系装入自己的脑袋，否则，学到的东西只会是一盘散沙，不能灵活运用。就拿象棋来说，学习象棋，首先得了解每一颗棋子的作用，然后深入理解每一颗棋子之间的关系，相互配合，相互作用，才能运棋如神。学习也是先理解每一个知识点，再在知识点之间串联交织形成知识网络，才能灵活运用。

关于大学

首先是大学志愿的选择，主要考虑因素有：学校整体实力的强弱和知名度，该专业在该学校的强弱，该专业的发展前景，自己的兴趣爱好。我比较倾向于优先考虑兴趣，再根据自己的分数来选择合适的学校，至于是选择差学校的好专业，还是好学校的差专业，在我看来前者更好，所谓，宁做鸡头不当凤尾。在学校的王牌专业，可以得到学校内更多资源和政策支持。

其次是大学的学习生活。在高中，很多老师都说过只要熬过高中，大学就可以如何放松。实际上，这些都是权宜之计，让我们能关注当下。到了大学，切莫以为可以肆无忌惮、随心所欲地玩乐。大学里各科的成绩且不谈对于工作时单位聘用参考作用很大，对于学校内奖学金评定、转专业、保研等也起到关键性作用,因此,大学里面学习也不可放松。大学的空余时间比起高中来说的确充裕了不少,但是我们也不能因此就虚度光阴,要合理安排时间,学好专业知识之余,积极参与或组织社团、学院的活动,丰富生活,提高自我。

最后,大学到底和高中有什么不同? 我认为,最大的不同是大学多了一样东西——自己的选择。在高中,老师、家长已经为我们铺好了路,为我们做出了选择。而在大学,有太多的东西需要自己去做出取舍。你可以选择按时上课认真听讲;也可以选择按时上课,却在课上呼呼大睡或埋头玩手机;也可以选择逃课玩耍,没有人会管教你,但是自己要承担相应的后果。因此,不需要大家在高中就树立什么人生的规划,但是至少应该在大一上学期结束之前,明白自己应该干什么、需要什么、想要什么,才能做出正确的选择,自己不会后悔的选择。很多人在读书的前十几年里习惯了没有自己选择的学习生活,突然来到大学这个自由的微型社会,很多人会不适应,浑浑噩噩,不知所以,等到大学时间过半,甚至快结束才幡然醒悟,只是到那时,和那些早有打算的同学已相距甚远了。

结语

时光荏苒,匆匆三年。高中三年,见证了一段悄然无声的成长。高中三年,经历了一次波澜壮阔的变迁。高中三年,走过了一路风雨兼程的路程。回首往昔,酸甜苦辣,喜怒哀乐,让人怅惘嗟叹。母校长赤中学,是我人生中浓墨重彩的一笔,也将是各位难以忘怀的记忆。不要埋怨,不要抵触,既然选择了前方,就应风雨兼程。宝剑锋从磨砺出,梅花香自苦寒来。纸笔沙沙,换一篇妙语生花;汗水涔涔,博一回人生无恨。愿各位砥砺前行,长风破浪。

生命因拼搏而美丽

何应林

【个人简介】何应林,汉族,男,20岁,籍贯四川省南江县长赤镇永新村一社。平时喜欢看书,进行体育锻炼。于2014年以优异的成绩考入上海交通大学,现医学检验专业二年级在读。

【求学经历】

我小学毕业于长赤九义校,当年懵懂的我小

何应林

学毕业后只想着继续在义校读初中,认为人只能在自己熟悉的环境中才能继续生活下去,殊不知在我们生活的圈子外还有更加美好的东西值得我们去追求。当我小学毕业后,我知道自己被长赤中学录取的那一刻,心里是充满了恐慌,因为我要去一个陌生的地方,那是一个我从不了解的地方。所以我极力要求老师继续将我留在本校,老师却说很多人想去长赤中学读书都进不去。亲戚们也劝说我去长赤中学。我觉得我的反抗是无用的,最终还是去了长赤中学读书,也就是我初中和高中的母校。

当我踏进长赤中学开始我的初中生涯时,我渐渐地发现周围的一切都不是小学的样子,周围多了一些爱学习的人,当然也少不了一些好玩的人。我虽然爱玩,但依然很遵守校规,上课也能安安静静地听讲,所以尽管成绩不好老师也不会骂我。就这样我初中的第一年过去了,到了初二,我的同桌都是好学生,成绩都能在全年级排前几名,我在不知不觉中也萌发了要好好学习的念头,并且把与我关系好的伙伴们也带动一起学习,那时候是我人生中最快乐的时候,该学习的时候好好学习,该玩的时候就疯狂地玩。那时候我心里不想未来会怎样,只有一股冲劲要好好学习。我觉得当人专注地做某件事时,尽管很辛苦却能收获很多的快乐。初中毕业的时候,我被直荐为高中特优班学生,于是我快乐充实地过完初中,便迈入了和我想象中不一样的高中。

高中我去了长赤中学特优班,令我记忆尤深的是长赤中学校长的一句话:"选择了长赤中学,就选择了一条艰苦奋斗的成功之路。"如今我能进入名校继续深造,这与老师的辛勤教导是分不开的,所以我对我的母校、我的老师充满了无限的感激。高中是一条艰苦又充实的道路,对我们农村孩子来说,大多数人都有一个共同的目标,就是考一个好的大学能走出农村。所以大多数学生都是一进入高中就做好了拼搏的准备,当然我也不例外。只有曾经努力付出了,现在回首往事时才不会感到后悔。我在我们班上理科算是挺好的,但因为我偏科,总分却不尽如人意。自初中以来我的英语一直很差,到了高中也经常被英语老师叫去办公室批评教育,但我无论考得怎么样,我的英语老师从来没放弃过我,这让我非常感动,所以我一直没有放弃我的英语学习。可是人生的路并不平坦,当我到了高二下学期,我发现自己有严重的强迫症,上课注意力不能集中,却始终坚持听完每一堂课，所以一天下来感觉自己都要崩溃了。但我知道已经快到高三了，并且我背负了太多人的希望，当我不想坚持的时候，咬咬牙关，继续努力着。时间往往在不经意的时候偷偷流过，很快三年过去了，迎来的是六月沙场试锋芒。当我走进高考考场的那一刻，我心里是紧张的，我不能确定我的人生该何去何从。高考完，我都不知道自己考得怎么样，只记得将我所学到的写满整个试卷。

上天会眷顾坚持不懈的人，当我收到上海交通大学录取通知书的时候，更加觉得曾经的努力都是值得的。即使我们不是最优秀的那个人，我们也要做最努力的那个人。"长风破浪会有时，直挂云帆济沧海"，只要努力过了就不会后悔，只有拼搏过了才会更加自信。

花开花落,梦不败

袁粒

袁粒

【个人简介】袁粒,男,1994年6月出生在四川省南江县付家乡的一个小山村,2013年以南江县理科第四名的成绩考入中国科技大学工程科学部精密仪器系。目前个人成绩能够获得保送研究生资格或出国到世界排名前50大学留学。

【求学经历】

年轻时,我们总是在开始时毫无所谓,在结束时痛彻心扉。而长大成熟的我们可以努力去品味过程,却往往错过了开始的勇气。然而不管岁月峥嵘抑或蹉跎,只要梦想不败,青春常在!

成长经历

年少的我,脑袋里充满着很多不切实际的梦想,却未曾有过实现梦想的途径。我们山村的学子,那时候也很难获得丰富的信息。而读书,是我们获取知识和拓展视野的最重要途径,也几乎是唯一的途径。然而,上初中之前的我,懵懵懂懂,未能体会学习的乐趣和意义。

初中时,我升入长赤中学,刘全华老师就像母亲一样教育了我三年。那时候,虽未能明白"生命不息,奋斗不止"的精髓,但却也体会到读书的重要性和乐趣。那时候,我也曾贪玩过,也曾闯过祸,但却在跌跌撞撞之中,收获了积极向上的心态和端正的学习态度以及一颗逐梦之心。

到了高中,我依然选择长赤中学,在班主任秦发庭老师以及所有任课的高中老师的教育下走过了高中时光。高一的徘徊犹豫,高二的奋斗追逐,高三的苦涩压抑,调成了高中这杯鸡尾酒。高一时,我犹豫选择文科还是理科,在学习方法上苦苦求索,也曾因为高中与初中的差异而不适应过;高二时,我调整自己的学习方法,努力去追赶优秀的同学,也是在那时,我开始恶补自己不堪的英语。高一时,我的英语都是七八十分,高二开始分模块练习,每日必做英语训练;高三时,体会到"天道酬勤",终于慢慢地把英语稳定在130分以上。2012年,我参加高考并取得了不错的成绩,超过一本线80多分,被北京航空航天大学录取,却因专业调剂到我不喜欢的专业,自己的梦想无法实现,我走上了复读的道路。复读的道路,苦楚坎坷,也曾体会过夜夜辗转无法入睡的滋味。2013年,我再次参加高考,成绩仍然只是超过一本线80多分,远未达到自己的目标,那个夜晚,自己以为梦想已经破灭,幸而在贫困专项计划下,我被中国科技大学录取,并进入我理想的专业。也许,这就是成长的滋味,过程和结局不一定美好,但梦想一定是美好的。

如今,我已在大学度过两年半的时光。我进入一所纯理工的学校,在大一时,就体会到科技的快乐,我进入机器人俱乐部和智能车社团,学习机械电子和智能编程。大二参加机器人比赛,获得不错的成绩。2014年7月,因机器人比赛的表现被"机器人世界杯"大赛中国组委会选作技术服务人员,参与到2015年"RoboCup机器人世界杯"大赛之中,在与世界各国参赛队伍的交流中,我学习到很多最前沿的机器人技术,也梦想有一天能在这个领域有所建树。现在,我正准备着明年的托福考试,不管明年是保研或者出国,梦想都在一步一步地朝着自己走近。不管前路如何,梦想不会破灭。

学长寄语

在母校,也正有着莘莘学子像曾经的我一样,正在孜孜不倦地汲取知识,希望你们在逐梦之路上能够做到以下几点:

恰同学少年,惜时如金。我们生活在最坏的时代,也生活在最好的时代。最坏是因为竞争的激烈和残酷不言而喻,最好是因为只要去努力竞争,我们会有很多改变命运的机会。学弟学妹们,珍惜时间,把握时代的机遇。

坎坷挫折,磨砺自我。我们每个人出生时都只是一块生铁,唯有通过挫折的锤炼,痛苦的淬火才能成才。生活和学习中的坎坷只能让我们愈发强大。无论现在的你们遇到什么挫折困苦，那只是命运之锤在敲打你，挺住就总有出炉成钢之日。

苦苦求索，发掘自我。学习不能没有努力，但努力不是使蛮力，发现适合自己的学习方法尤其重要，在不同的学习阶段也要学会调整自己的方法。当你发现自己刻苦努力而不得学习章法时，你就要去调整自己的学习方法，不可走入死胡同。没有学不好，只有不会学。

直面短板，优势互补。每个人都有自己的优势和劣势学科，保持优势是基本，直面短板才能进步。真正的勇士，敢于直面差距，敢于弥补不足。只有去总结，去寻找合适的补救方法，短板也能成为跳板。

结束语

在母校长赤中学，我度过了人生中相当重要的一段时光，有过眼泪，有过欢笑。在这梦的家园中，有着一群逐梦之人，不管花开花落，云卷云舒，奋斗不止，梦想常在！

愿学弟学妹们花开云落得美梦！

那些事、那些人、那些曾经的过往

张洋

张洋

【个人简介】张洋，2017 年高考考入中国科学技术大学。

【求学经历】

我很荣幸能有这样一次机会来写出我的故事 。我才刚刚从长赤中学毕业，离开故乡也才几个月。此刻，我远在千里之外，在中国科学技术大学的校园里，桌上摆着的是晦涩难懂的微积分，烧脑的机械设计基础。但一提起笔，往事就像潮水般涌上心头，中学时代的记忆又浮现在眼前。

我初一就来到了长赤中学，在这里度过了宝贵的中学六年时光。记得刚进入初中的时候，我的成绩很普通，数学有时还不及格，初一总体感觉学习很吃力。到了初二的时候，我有幸被选为了数学课代表，这激励着我改变了自己被动的学习态度。印象最深地就是那时每周有一张周练习试卷，每周我都认真完成，及时复习，一直坚持。还有英语，我真的很感谢我初中的英语老师杜禄君老师，她的英语课没有让我感到厌烦，所以我初中时英语成绩也还不错，到了高中也没有拖后腿。看到高中很多同学学英语学得死去活来的，我真的感到有些幸运，初中就打好了英语基础。

之后进入了高中，我高一的时候成绩也不是很好，经历了几次考试不理想，所以我就开始更加努力地学习了，整个高中也就是那段时间最努力。记得高一时我每天做三份生物作业、练习册、学习周报，还有自己买的课外习题。当天发的物理试卷当天就做完。所以到了期中考试的时候，我考得就比之前都好。高中我最喜欢的科目是物理，很喜欢那种解题的思路和过程，我平时也喜欢看一些关于物理的科普书籍。

现在到了大学了，也并不轻松，新的时机，新的挑战。或许有的老师会说高考完了，大学就轻松了。那只是权宜之计，其实人生的每一步都不轻松。越是好的大学，里面的学生就越努力。中科大的学习压力只比高三轻一点，所以新生们都会调侃："让我回高三歇会儿吧。"但换个角度想想，高中和大学正值我们宝贵的青春年华，不努力奋斗一把，以后不知该有多后悔。现在回想起我的高中生活，我还是有些遗憾的，自己没有真正努力地去学习过。所以我想对大家说的话还是只有那一句：一定要好好学习。学习是你们现在最主要的事情。虽然高中的时间很紧，但有课余时间还是多看些书，少打游戏，一定要克制住自己。

关于高考，很多老师和同学都谈过这个话题。我来说说我的感受吧。高考的前一天晚上，我失眠到三点多才睡着，一直很紧张。第二天更加紧张了，但一拿到试卷，做了一两道题之后，瞬间就放松了下来。高三的我们身经百战，这种考试的感觉再熟悉不过了，再一看试卷，似曾相识，心中便又多了一份自信。所以同学们对高考不要怕,考前肯定会有一定的压力,到了考场上不要慌、平静下来,你很快就会进入做题的状态。

现在想起高中生活我还是挺感慨的,很怀念高中的同学们,有的同学,恐怕这辈子都很难再见上一面了吧。回想起高三,晚自习下课已经是十一点,回家的时候,整条街基本上只有我一个人了,我就那么慢悠悠地走着,想一些事情,孤零零的路灯照出自己孤零零的影子,每天都很苦,但也正是因为这样,每天都很充实,记忆也才会那么深刻。真的很感谢我来时路上的每一个人:何文扬老师、姜波老师、付超老师、姜宏波老师、夏志平老师、张国伟老师,我的老师们亦师亦友。何老师喜欢跟我们聊天,数学老师姜波话不多,付老师很尽职、很认真,姜宏波老师喜欢笑,夏老师喜欢教育人,张老师上课总是挺着大肚子。还很感谢我初中的老师们,还有很多帮助过我的人,还有我的母校长赤中学。能走到现在这一步,我感觉自己真的很幸运。

我并非什么优秀的人才,理工科的男生写文章似乎确实是要差那么一点点。关于高中,我所知道的你们迟早会知道,我所经历的你们迟早也会经历。未来是什么样,你们自己会知道的。加油吧,江山代有才人出,长江后浪推前浪。

彷徨·充实·绽放

魏魁

魏魁

【个人简介】魏魁,男,中共团员,1995 年 10 月出生在四川省南江县正直镇。2014 年毕业于长赤中学,现就读于武汉大学土木工程专业。

【求学经历】

现在的我,坐在温暖的火炉面前,怀着平淡的心情一字一句地写下我自己的经历和经验,对于现在还在严寒下逐梦的你们,这并不是故意的卖弄和炫耀,因为当我想起高考前的那段备考时期,我心中的温暖可比现在火炉的火还要红还要旺,况且此时此刻的我,心中对你们更多的是羡慕和向往。

有人说,没经历过复读的高中是不完美的,我并不完全赞同这句话,但对于我而言,在长赤中学所读的高四这一年,确实收获了很多、成长了很多。

我还记得经历过第一次高考后看到自己成绩的彷徨和一种说不出来的失落感,那时的我真不知道该怎么办。复读? 或选择一个普通大学度过自己的四年时光? 爸妈说选择权在于我自己,我心里挣扎了几天,和自己的内心交流了无数次,最终我选择了复读,因为我了解我自己,对于完美主义的人来说,我怎么甘心于去一个连自己高考前都不知道名字的普通一本大学去交付自己的这四年时光呢?所以,我又毅然决然地选择重新踏上那条我熟悉而又陌生的高考路。

我也非常清楚地记得那是在 2013 年 8 月 13 日的下午,阳光平和静谧,当我再一次跨入我本以为不再会以高中学生的身份进入的中学校园时,此时的阳光像是上天在"欢迎"一个落败的勇士归来,虽然表面祥和,但总感觉内心有一种说不出来的无奈。而我也懂,一旦我踏入了这道门,不管前方有多坎坷,有多艰难,我都没有后路选择,只能选择扬起长矛,勇往直前。

那还是在刚复读的前几个月,同学们都说印象最深地便是下午放学后总有一个人一直在教室,走之前在教室,来了之后还在教室,那便是我,因为那时的我非常想提高自己的能力,加强自己的理综,并且觉得在放学那段时间吃饭很浪费时间,所以更不愿意将自己的时间浪费在这拥挤的吃饭路上,况且对于一个迫切想把成绩提高的人来说,这些时间我又怎么舍得浪费呢?等到最后班主任夏老师提醒我下午要按时去吃饭的时候,那时候我的理综补强计划也已经完成得差不多了,不想让他为我操心的缘故,我才选择和同学们一起在那个时间段去吃饭。

另外,我每天的作息时间表也是非常固定的,早上 6 点 10 分起床,尽管很冷,但是每天充实的生活和我自己的信念作为动力,那温暖的被窝便也没什么好留恋的了。然后随便在校园门口买几个馒头，争取在路上能吃完，也是为了节约时间尽快在教室里学习，基本上是全校第一个到教学楼的，不过我也知道，不管是不是第一个到教学楼，如果没有将自己的心思全部托付于学习上面，那我来再早也没什么用，所以进了教室我就不会迟疑，严格按照我自己的计划来进行。比如，如果今早早自习是语文，那么我来这么早的时间便是为了读英语，记英语单词，背英语作文，反之亦然，对于语文，我便多背一些好的文章，背好考试的诗词，这就是我早自习下课之前的学习安排。而我每天的下课时间都是拿来练习我的英语阅读，从刚开始要花 7 ~ 9 分钟才能做完的一篇英语阅读，到后来只花 5 ~ 6 分钟的英语阅读并且错误率很低，这全都归功于自己将每个下课 10 分钟都利用上的功劳，以至于后来我每次都能在下课 10 分钟做一篇英语阅读和一篇英语改错，并且也包括对这些题的纠正与改错的时间。当然，这是我的安排，你们也可以在这十分钟安排好自己的弱项，进行加强与补充。

对于上课的时间，我想我不必多说，大家都知道那是最重要的时间，首先，一定要记住的是，不管老师讲过的是多少遍的东西，自己都要认真去听，认真去记，因为你永远不知道考试的题型会变化到哪种程度，而对于一个知识点，你掌握的越牢固，那么你考试便越不怕它怎么变化，我想这点是最重要的，也是最不容易做到的。其次，上课的时候，一定要在上课之前准备好自己的笔记本，一旦有什么自己不知道的东西一定要及时地记在笔记本上，我总是这样告诫自己，老师上课说的话一晃而过，你如果不认真,那么高考考的恰好就是你没听到的那个知识点,那怎么办呢?高考是你自己一个人的事,自己都不认真,难道你舍得让你父母在高考后为你哭泣,让那些一直关爱你的人为你遗憾叹息吗?更重要的是你愿意将你自己以后的大学生活或者你未来的人生方向不放在一个好的大学里绽放而是在一个差的大学里平庸地度过吗?我想,这些东西是你们自己应该要想到的,所以我也不想说得太严肃。

此外,对于熬不熬夜的问题,我只想说说自己的经历,我只要每天按时完成了自己给自己的作业,那么我就会早睡,当作对我自己的奖励。如果我没有完成自己对自己的要求的话,那么熬夜到一两点也是常事,因为毕竟自己是一个完美主义者,要求自己的太多,那么累也是应该的。但是在那个过程中尽管累,尽管自己知道自己会很苦,但每次坚持下来之后静静地躺在床上的我是满足的、快乐的,不会因为今天没满足自己的要求而懊悔地睡去,而是有一种满足感一直在我心中,而每天的这个时刻也便是我那段时间备战高考最幸福的时刻。

一想起自己的高考那段生活,便不知不觉地写了这么多,殊不知这火炉的火早已把我这脸烤得通红,可是我知道,此时此刻你们对高考的热情早已超过了我这脸的温度,我心中存在着对备战高考的怀念,但更多的是对你们的期望和希冀,希望你们能在高考中取得你们自己期望的成绩,至少要对自己的青春无悔,加油。

求学路上没有终点

陈松

【个人简介】陈松,男,中共党员,2014 年高中毕业于长赤中学,考取武汉大学,就读于武汉大学电子信息学院光电信息类专业。

【求学经历】

时间飞逝,转眼间,我的大学生活已经过了一年多了。在校期间,获得过优秀学生奖,大一的时候获得了科技创新发明专利。现如今,依然在求学的路上,求学在武大,追梦于珞珈。

成长感悟

对于我来说,高考虽然已经过去一年半的时间了,但是那些和千万考生一样艰苦备战的日子,那些黑板上每天变小的倒数的数字,那种对未来忐忑不安的心情,仍然历历在目。而对我这个经历过两次高考的人来说,更是印象深刻。想起 2013 年高考的时候,我原本以为可以考个一本,可直到那一年高考出成绩的晚上,我都不敢面对。后来,我总觉得人生就是需要奋斗、人生路上并非顺畅,也有坎坷,于是我选择了复读,与 2014 年高考又结下了缘分。

在这樱花纷飞的校园,在这珞珈山下,东湖之滨,我还是很怀念高考的那段日子,当我回首想起那些曾经奋斗的日日夜夜,发现一切都是值得的,奋斗的青春是有意义的!记住,每一个不曾起舞的日子,都是对生命的辜负,冰冻三尺非一日之寒,滴水石穿非一日之功。要相信未来是美好的。每一次尝试,只为更精彩的生活,每一次努力,只为一次次更大的突破!

学法分享

以下是我自己的一些学习方法:

(1)要制订考试目标。

(2)要有自己的学习计划,并且要严格执行,计划的制订和落实同等重要。

(3)错题本的整理。

(4)渐渐完善计划是高效备考、踏实备考的前提。

(5)对于高三学习,想要取得好的成绩,还要靠十足的踏实和坚持。

(6)日程学习计划,它只需要一个认认真真地起头,然后便会如滚雪球一般越来越好地继续下去

(7)心态调整。不需要孤军奋战,备战高考是个热闹的过程,需要你、老师与家人的共同参与。

结束语

如果你志存高远，如果你坚信梦想能实现，那么请谨记：九层之台，起于垒土；绽放五片花瓣，才能结出一个桃子。

现在，每年放假回家我都要去看看，看着日新月异的母校，心里由衷地高兴。衷心祝愿长赤中学能越办越好，长赤中学学子能越来越优秀！

没有遗憾的青春才最美丽

杨斌

杨斌

【个人简介】杨斌,男,中共预备党员,1989年1月出生于四川省南江县凤仪乡,2013年毕业于长赤中学。现就读于武汉大学物理基地班,在校期间,荣获全国大学生数学建模竞赛二等奖、全国大学生第七届网络挑战赛优秀奖、优秀班干部等荣誉,综合成绩名列前茅,有机会被保送至复旦大学读硕,本科毕业就拥有西藏大学免费师范学位证、毕业证和武汉大学物理基地学位证、毕业证的双校双学位。

【求学经历】

事迹简述

1989年的正月,我出生在凤仪乡一村,这是一个偏僻落后的山村,我一心想着知识能够改变人的命运,就这样一个从不服输的山村少年,在懵懵懂懂中度过了小学时光。一晃来到了初中,有点小调皮,一点儿也不爱学习,到了初三才恍然醒悟,从小的生活经历告诉我:只有知识才能改变命运!带着一心要走出大山去看看外面风景的渴望,我在中考后选择了长赤中学,在班主任何明恒老师的悉心教导下,经过 3 年的高中学习,2010 年未能进入自己心仪的大学,在何明恒老师的指导下,选择了复读,这复读经过了三年的奋战。第一次高考考进了成都医学院,但是那不是我想学的专业,这样的大学生活也不是我想要的,进了大学一个月以后我决定辍学。第二年复读,高考成绩又是二本,有时不得不长叹,命运总是这样捉弄人。第三年,我压力很大,学习也有一些懒散,也想过放弃,觉得人生都是灰暗的,前途一片渺茫。现在还记得何老师为了激励我的斗志对我说的一句话:"只要你努力就可能得到你想要的,不努力就没有可能。"第三年为了能读"211"院校我进入了西藏大学。在大学期间我一直没有放弃去努力争取我想要的,后又在教育部名校援藏教育的机会中,我以综合排名第一的成绩和选拔考试进入了武汉大学。这一切与我的母校——长赤中学密不可分,与我的三位班主任、各位科任教师以及学校的领导老师的教育分不开。回想起那个曾经我学习、生活过 6 年的长赤中学,心中感慨万千,昔日的场景历历在目。现在,每年放假回家我都要去长赤中学看看,看到日新月异的母校,看到母校毕业的优秀学子越来越多,心里由衷地高兴。

光阴似箭,一转眼 3 年的大学生活快过去了,我的本科生活也即将落下帷幕,下面我将与各位学弟学妹们分享一下我的大学生活。

自读大学以来,我的奋斗目标明确,为了自己想要的大学生活不断拼搏。在大学期间,可能年龄的原因,我比我的同级人懂事一些,也比他们更加刻苦。我担任了我们班的班长、学校外联部的副部长、宣传部的部长。在西藏大学期间，我积极参加和组织学校的各种课内外活动，并获得多项奖励。我的辅导员曾找我谈话并告诉我两个选择："第一，去武汉大学学习，拿名校学位与毕业证，你在西藏大学的一切职务和奖励都没有了；第二，留在西藏大学，毕业能轻松保研本校。"我最终选择了老师给我的第一条，带着老师、家人和同学们的祝福，来到了武汉大学，我继续不断努力，今年成了预备党员，荣获了多项荣誉称号，成绩名列前茅，还有机会保研。

在周末和假期期间，我躬身实践，除了通过学生工作这个平台锻炼能力之外，我还利用假期时间，先后赴三峡大坝做业余科研考察活动，在中建和中铁武汉分局做教学实践活动，在武汉的教育机构"学而思"和"博雅"做兼职，平时在周详教授带领下与几个同学一起做业余科研。也有幸在 2015 年在校园文化交流团与莫斯科国立大学进行文化艺术交流。

学长寄语

亲爱的学弟学妹们，很高兴能有这样一个机会和大家分享我的成长历程，在此，我想结合我自身的情况和大家分享几点：

阳光自信。我们虽然来自农村，但是我们拥有的资源和其他同学并没有太大的差别。所以，不要自卑，相信自我，乐观看待生活！

踏实努力，永不言弃。无论你有多么聪明，要想取得自己想要的生活,就必须努力付出,你要记住:只有通过自己的不断努力,才可能拥有自己想要的,反之连可能都没有。

珍惜时光、燃烧青春。常言道:奋斗中的青春,才最有活力;奋斗中的足迹,才最稳健;奋斗中的未来,才更加开阔。只有去拼搏过青春才会没有遗憾,没有遗憾的青春才最美丽。亲爱的学弟学妹们,让我们携手一起努力奋斗,用自己的实际行动去践行"今天我们以母校为荣,明天母校以我们为傲"的誓言。

结束语

最后,感谢我的母校——长赤中学的培养,感谢我的三位班主任(何明恒、王哲、秦发庭老师)和所有科任老师的教育以及学校领导的关心与帮助。衷心祝愿长赤中学能越办越好,毕业的优秀学子越来越多,母校的明天更加美好!

花开在这片土地

何仲秋

何仲秋

【个人简介】

何仲秋,男,汉族,中共预备党员,于 1997 年 8 月出生于四川省南江县正直镇宝塔街,2014 年从长赤中学毕业,以 597 分的优异成绩被武汉大学测绘学院测量工程专业录取。

【求学经历】

成长是一件冗长的事,从懵懂无知、少不更事,到开始架构自己的人生并为之奋斗的大学生,仿佛只是一瞬间。

岁月的留声机里,是我们每一个人难以忘怀的成长经历,现在,我以一个大学生的高度来回顾自己成长赤中学最重要的三年。在长赤中学学习的三年里,受"励志笃行,止于至善"校训引导,受"自强不息"精神激励,留下点点滴滴,愿同大家分享。

从进入长赤中学的那一刻起,她便带给我幸运。2011 年夏天,我有幸进入长赤中学第一届"成都七中网校"网络直播班,这使我和幸运结下了不解之缘。我依然记得"选择七中,就选择了一条艰苦奋斗的成功之路"这句话。在接下来三年里,我并不轻松,但我却收获了属于自己的成功。

现在总结起来，我会说："选择长赤中学，就选择了一条艰苦奋斗的成功之路。"长赤中学不仅为我们引入最好的资源，更重要的是，让我们养成了良好的学习、生活习惯，到了大学依然受用。

我会记得长赤中学优秀学长、学姐带给我的榜样力量。学长、学姐们接连不断考入名校——清华、浙大、交大、同济……长赤中学打破了一项又一项记录，这似乎成了一种传承、一种文化、一种我们长赤中学人"自强不息"的精神寄托。我还记得长赤中学学习河北衡水中学引进早操。不论是在寒冷的冬日，还是炎热的夏天，我们长赤中学人坚持出早操。在每个晴朗的早晨，都会听到长赤中学人在操场上呐喊，看到他们奔跑的身影。在那段最难熬的日子里，我们得到有效释放。我想，这会成为长赤中学一大特色，成为长赤中学人的骄傲。

我更会记得那段和老师们一起度过的最难忘的高三的日子。我整日整夜地复习，做着厚厚的复习资料，总结了不知多少的错题，面对不间断的考试，从一诊、二诊、三诊到月考再到周考，我毫无怨言，偶尔考试失利，和老师们交谈到深夜，和朋友穿行在夜市、小杂货店，谈论着我们的未来……出成绩的那一夜，我整夜没睡，倒不是分数的好坏带来的影响，而是我开始去想在长赤中学三年的收获以及我的成长。我把我的日记、照片、小卡片、以及错题本全都拿出来翻了一遍，看了很久，一直到天亮。到那一刻，我才明白，我毕业了，要离开长赤中学了。再后来，我来到武汉大学。一场考试把同学们分开了，但我们依然牵挂着母校——长赤中学。希望能够看到这篇成长历程的人，能够珍惜你的现在。真心祝愿母校长赤中学发展得越来越好，影响更多的人！

高三,我的一段特殊的旅途

曾楚林

【个人简介】曾楚林,男,2012 年毕业于长赤中学初中部,2015 年高考后选择复读,2016 年以优异的成绩考入武汉大学。

【求学经历】

高中生活如同我漫漫人生旅途中的一个驿站,而为这个驿站渲染出别样色彩的或许就是四年高中和两次高考吧,无赘述旅行过程如何跌宕,情节如何起伏,结局是否满意,它只是一个意外的意料之中。时间回到 2015 年 6 月 22 日,知晓成绩的我一度很平静,回到家后我对爸妈说的第一句话便是:"我要复读。"就成绩而言虽然不算很坏,但却因为和我所定目标相差甚远而变得难以接受。

2015 年 8 月 15 日复读开始,复读一年其实就相当于高中三年的一个缩影,同学从不认识到认识,知识由少至多,心性由不成熟到成熟。于我而言,这一年不仅仅让我在知识上有了提升,更多的是在老师们的帮助下我在某种程度上对考试和分数有了新的认识。在我看来,考试除高考外分数从来就不是首位,它只是一种用来彰显自己的漏洞的媒介,如果每次考试都是满分,考试又有什么意义?复读一年期间的考试,我的分数都只在 560 分上下徘徊,上 600 分的时候屈指可数,然而我并不是很着急,因为这些分数彰显了我知识的薄弱环节,每一次成功的补救,都让自己在高考中变得更加无懈可击,我想这也许就是为什么我能够在高考场上发挥得还算好的原因吧,高考时的感觉就和平时考试时一样轻松自如,看淡了分数,平稳发挥,自然能胜券在握。而过度重视分数,只会让自己在考试中谨小慎微,难以打开思维的结,考试自然难度渐增,放松心态,把每一天每一次考试都看作是一次独特的旅行,即便是复习,也不见得有多痛苦,毕竟我们都有自己的期望。而对于我而言,这个期望已经在 2016 年 6 月 22 日正式开始。

对于高中四年的生活,我想说:"再见。"如果还能再见,我一定要与那些在这次旅途中还没来得及告别就告别的一切热烈拥抱。在这次旅行中学到的自在或是快乐的心境,如果能全然移植到自己以后的生活里,把每一朵愁云都开成一朵莲花,那也真正是不虚此行了。

成长需要不断去面对

贾正林

贾正林

【个人简介】贾正林,男,2017 年以优异的成绩考入武汉大学。

【求学经历】

高中这段时间说长不长,转瞬就已毕业;说短不短,每一年、每一天都有新的感知和成长。由最初的青涩稚嫩到如今的成熟自信,收获颇多。我很幸运有这个读高中的机会,当然也十分珍惜。

2014 年的四月,我第一次听说了长赤中学的自主招生考试,虽然那时已经没有了多少准备时间,但我也当作是一次中考前测试的机会去了,幸运地是我被成功录取了,就在那天,我竟见到了学长学姐们去参加高考的队伍。那一天,我的印象很深,那时我便给自己定下了一个目标:不能让自己走上战场的那一天后悔。虽然在之后的高中三年里我都见到了去参加高考的队伍,但都没有那一次的印象深。

自主招生通过后,我便开始了我真正的高中生活,只有经历了才知道,原来一切真的没有想象中的那么简单。在这三年中,我有过成功,但同样也有着失败;有过欢乐,同样也有过痛苦。就拿我的高一时期来说,那可真算是失败:不仅经常迟到,还在上课时打瞌睡,更可怕的是,我居然以"是自己还没有适应过来吧"。这样的理由来麻痹自己,以至于我在高一甚至到了高二时,英语就没有及格过。其实,犯错误是每个人都难以避免的,犯错并不可怕,可怕的是用借口来麻痹自己的内心,让自己的内心陷在谎言的泥潭中。

因为我的英语成绩一直不好,老师也数次找我谈过话,那时我才真正地认识到了自己不该再这样放纵下去了。于是,我开始了自己对自己的英语补习,我坚持每天读几篇阅读理解,做几篇完形填空,当然,一切做题的基础便是单词了,终于在我努力一段时间后,英语成绩从六七十分到了九十分,再到了每次都能一百多分。我觉得有句话说得不错"成功非偶然,而是为有准备的人而准备的"。所以说,要想获得成功,那就自己去努力吧。用自己的努力去换取自己或学习、或生活的变化,去换取自己真正的成长。

变化需要一个过程,成长需要不断地去面对。更何况我们处在一个世界飞速发展的时代,以至于我们的每一天都充满着变化,这些都是需要我们自己去适应的。从初中到高中,我们的学习迈入了一个新台阶,难免会让一些人觉得难以适应,但是不管再难,我们也要学会去面对,就会收获到我们的成长。因为正是在一次次的经历后,生活才会得到充实,在一遍遍的思考后,思维才会得到锤炼。

说到变化,在我眼中较大的一个变化便是高中比初中增加了许多的考试,特别是到了高三的时候,周考、月考以及各种各样的模拟考,数都数不清。这些可能会让许多的同学觉得很困扰,但我希望你们能够调整好对于考试的态度。一次的考试是具有偶然性的,即使一次考得不好,也不要灰心,而且考试并不是为了来超越别人,而是超越自己。正如一句关于比赛的话:"比赛不是为了赢对手,而是不断超越自己!"特别是在高考中的时候,不要因为一道题影响整套卷子,也不要因为一科考得不好而影响其他科目,过去的就过去了,看开一点,只有把自己的心态调整好了,才能获得更大的成功!

另外,高中还有一个很重要的因素便是时间,对于时间的安排,并没有一个好坏对错之分的,这是要结合每个人自身的情况,然后与高中生活学习有机结合,找到一个科学而适合自己的学习方法。所以,每一个人都应当好好分析自身的情况,立一个自己想要达到的目标,找一个适合自己的学习方法,这样时间的分配也就已经完成九成以上了! 时间是稍纵即逝的,有机会去实现自己价值的时候,尽量使自己活得更充实、更有意义,付出是显见的而收获是潜见的,但是只要肯为目标而奋斗,收获绝对会远远大于付出!

高中的生活,并不像我们之前在初中时所到的那样艰苦,比初中多的只是更高的目标、更多的努力奋斗,当你在高中之后再想起你的高中生活时能够无愧于心,那么这高中生活便可以是你人生中最华丽的篇章之一。无愧于心地去奋斗吧,励志笃行,止于至善!

青春在路上

姜吉祥

姜吉祥

【个人简介】姜吉祥,男,长赤中学高2014届毕业生,现就读于中山大学。

【求学经历】

走在青春的路上,将来的你会感谢现在拼命的自己。漆黑的夜空下,心怀大志的我们共同摸索着那条通往天堂的道路,因为周围的未知,前路的迷茫,时常会觉得它是那么的遥远,那么的不真实。我们都知道,这个过程不容易,一次的跌倒,两次的绊足,三次的碰壁,在自信中绝望,在绝望中崩溃,在崩溃中懈怠,也许会觉得痛苦,也许会怀疑自己,也许会选择放弃。但是,在这场角逐中,不怕的是征程的磨难折磨人,就怕在黎明到来的前夜说放弃,因为终有一天当你找到通往天堂的道路时,当你推门发现另外一个美好世界时,当你看见晨曦中的旭日冉冉升起时,你会明白现在你所经历的各种都是必需的,所做的一切都是值得的。之前我曾读过复旦女孩写的《花开不败》以及《你凭什么上北大》这样的励志文章,无论看之前是什么状态,每每看完总是满血复活,总能让人精神饱满、斗志昂扬。当时的我就是一个心怀梦想的普通学生，跟你们现在大多数高中生一样，并无什么过人之处，简单且真实，但是我想"开花"，我不想给自己的青春留下空白或者遗憾。

现在，坐在电脑前，眼前浮现着的是过往之事的一幕，笔下书写着的是属于自己的一点一滴。其实，我要述说的也不过是从山中到中山的历程，希望通过分享，能给你们以帮助。

一

2007年9月我进入长赤中学念初中。九月的长赤依然是酷暑难当，当所有人都快要被融化掉时，只有不知疲倦的知了还在唱歌，而我对长赤中学最初的记忆就停留在了校门口那树上的知了声中。初见长赤中学，一切是那么新鲜，那么陌生，却也是那么的充满魅力，不仅是因为它那美丽校园的风景，更多是它的严谨的教学氛围和认真务实的教学态度。

在这里我遇到了我生命里第一位对我日后生活学习产生重大影响的恩师——康碧蓉老师。作为班主任，她不仅为我们营造了一个极好的学习环境，也在做人交友方面传授了很多心得，而这些对我而言都是我今天能坐在这里写下这篇文章不可缺少的因素。回首往事，自己的那些所谓成就大都拜我的良师益友所赐，而自己只是做了自己在那种环境之下应该做的最基本的事，仅此而已。不过这样说的话，总显得不太负责。当然，这只是漫漫征程中的一部分，容我细细说完。

第一，求学不可少良师。当时中考能取得全县前一百名的成绩是绝对少不了康老师的帮助。正如上面所提及的，康老师教导我们最多的是如何做人，如何交友，如何与人相处，还记得她最喜欢说的"性格决定命运""时间就像海绵里的水，只要你愿意挤总是有的"。这些看似与学习无关的话，事实上却深深地影响着我。最明显的就是在这样的教导下我结交了许多至今关系都不错的铁杆好友，这些好友也是曾经一起奋斗的战友，他们都为我的学习营造了一个良好的外部环境。

第二，抱定目标，脚踏实地悄悄干，要有忧患意识。现在还记得当时第一次期末考试大概是全班二十名左右、全级八十五名，这样的成绩爸妈虽然没有说什么，可我自己明白，自己的梦想是考进长赤中学最好的高中班，再回过头看自己的状态，假若就这样满足现实只图维持现状，这样下去能不能上高中还不一定。于是一咬牙，定下了在别人看来自己当时根本不太可能达到的目标，最初是年级前十，然后是年级前五，接着年级前三。这样的目标在当时是不敢说出来的，因为我脸皮薄怕人笑话，所以这些目标一直都是不可告人的秘密深埋心底。从初二开始自己的确在一步一步地向心中的目标靠近，这样的目标也并不和立志高远相悖，立志高远是基于尽自己最大努力能达到的地步，而不是一开口就说将来自己去北大还是去清华，我只是做了我眼下能做的事。俗话说："生于忧患，死于安乐。"忧患意识无论在哪都是极为重要的，学习也不例外。假想一名对手对激励自己的学习是很有帮助的，作为你的"假想敌"自然要比自己好，至少在学习成绩方面是这样。当你有所松懈的时候看看你的"假想敌"在干什么，再想想你们之间的差距，只要你还想进步，你是不会允许自己有丝毫的懈怠的。就我而言，当时很多比我优秀的人都曾是我的"假想敌"，比如同班同学杨黎明、周鑫等人，先认识到自己的不足再一步一步踏踏实实地向他们靠近，努力与他们同行。

　　第三，成功的背后总是离不开汗水的浇灌。合理计划学习，轻松高效地学习是我的制胜法宝。这样说是因为初中的时候我没有一次在家写过作业，不是不想写也不是没有带，而是因为回到家一放下书包就要去干活没有时间，开始带了几次回去装装样子，后来索性嫌麻烦周六就空着手回去了。后来因为班主任的教导以及长时间的学习经历，自己就养成了一种认识：教室的唯一功能就是学习。我对教室有种莫名的敬畏，我的所有作业都是在教室里完成的，周六放假前就把所有作业做完了，三年里我也没有主动买过一本课外习题（除了老师要求的）。这并不是因为自己有多聪明，而是我们的学习资源本身就有很多，每学期学校里都会订购相应的练习题，而自己不过是取近舍远把这些一般人都不愿意做的习题全部做完了。有的人可能会说这不大现实，哪有那么多时间？时间都是挤出来的，我一周在学校除了正常的吃饭运动睡觉等必需的时间，其他时间都是在教室里度过的。比如说中午放学后吃饭的人会很多，这个时候出去吃饭就会比正常情况多花费不少时间，这时我一般会在教室里继续学习一会儿，把上一堂课遗留的问题弄懂，等到别人都吃完回来时再出去。晚上除了要求的自习时间之外我会继续在教室里学习到十一点左右,还有课间休息,要是没事我也会待在座位上写写作业看看书什么的。正是靠这样一点一点的积累,我的学习时间自然就比别人多了不少,而这些时间从来都不包含周末的休息时间。所以,只要你愿意,一切皆有可能。从现在起,别再给你自己找借口。

所有的这些我并没有觉得有什么苦恼的地方,相反,自己在这样的环境中感受到的是班级里那种你追我赶的良好的学习氛围,以及充实过完每一天后在宿舍的"三秒"入睡。我舍友老是说我上一秒还在说话而下一秒就没有了声音(取而代之的是鼾声)……每天都比别人多一点,当所有的这些一点点集合起来的时候,效益将是十分巨大的。

二

2013 年 6 月—2014 年 6 月。用一年的时间来完成自己十多年来的梦想,我要我所要的,纵使是在现实面前被撞得头破血流,纵使是在高考场上输得一败涂地,这是我自己做出的选择,问心无愧,不留遗憾。

有一段时间,一直在思考自己是否就此注定平凡一生,是否注定就与自己的那个多年来一直追求的名校梦擦肩而过,是否自己真的就此向命运低头,这种心乱如麻又摇摆不定的感觉非亲身体验过之人不能理解。看着身边的同学走的走,留的留,而自己走也不是,留也不是,这时遇到了生命中第二个恩师——何明恒老师,与何老的一席交谈再次点亮了自己前进的方向。

高三真的很不一样,高四更不一样。它不在意你厚重的眼袋,它不在乎你痛苦的呻吟,它不疼惜你疲惫的身躯;它听不见你的哭喊叫骂,它看不见你的喜怒哀乐,它触不到你的伤痛累累;它不会为你粘好愤怒之下撕碎的试卷,它不会为你抹去躲在角落偷偷掉下的眼泪,它也更不会为你带走黑夜里台灯下的孤独。它残酷、它冷血、它无情,可是它是通往梦想的必经之路,不进则退,这是在高四里的生存法则。如果说,以前在高三常用尽力而为来勉励自己,那么现在只剩竭尽全力,因为我已经没有后路,破釜沉舟,成败在此一举。

我在已输得一败涂地的情况下仓促应战,然而战斗已经开始了,躲都躲不掉。在很久没有摸过笔杆的状态下迎来了第一次摸底考试,看着自己的试卷数学选择题只对了三四个,语文也是第一次不及格,其余各科也是各种不理想。这样的反馈无疑是晴天霹雳,当时自己刚从冰窖里爬出来带着准备大干一场的那些激情与斗志一下子又消散无遗,甚至跌到了更深的深渊,这时又是何老师的悉心开导让我重拾信心。过了这段磨合期,自己也慢慢地进入学习状态,一边跟上老师的节奏,一边制定了自己的学习计划。

首先,打铁须得自身硬,不给自己找借口。无论什么都是一样,没有按时完成作业是因为时间不够吗?成绩的异常波动真的是自己发挥失常吗?早上迟到真的是因为前一天晚上太用功吗?每当这些发生在自己身上时,都想想为什么别人做到了而自己没有做到,人人都会有缺点,直面缺点是痛苦的,但是只有你直面缺点并努力改正才能获得突破也才能有所进步。其次,人都是有惰性的,更何况是处在高三这样高负荷运转的时候,我们更容易自己给自己放水,所以这时找个竞争对手显得尤为重要。只要你有想要超越对手的期望,你就会像打了鸡血一般随时随地满血地奋斗。我做了一个自我剖析,既然我早上不能像其他人那样早起,就只能晚上多多欣赏静谧的长赤中学校园,只是从此以后,再也没有体会过如那些夜晚那般深刻地感受了。最后,就是要有一个好心态,做好自己能做的事后坦然面对和接受。最喜欢的就是每次模拟考试,不仅因为觉得考试比上课更为轻松,还觉得考完后自己又有一个坦然面对一切的机会。要把每次考试都当成是锻炼自己的机会,不要每次在走出考场后都大呼:"哎呀,又错了一个。"考完后该做的就是相信自己平时的努力和考场上的发挥。我一般都是考完一科就去准备下一场,不会过于纠结答案,对了说明自己努力有回报,错了说明自己对知识的掌握还不牢靠,而且以此又会发现新的知识漏点,与高分相比,这才是让人更加高兴的。

做好过程,不计结果,当过程做得很完美的时候,结果难道还会差到哪里吗?每天背几个单词,每天做几张试卷,每天又要完成几份试卷的改错,每天又要重复性的推演几道错题本上的错题。我虽没有精细到一一列出表格来,却大致也形成了自己固定的日程安排。这些都是在高四时光里最刻骨铭心的日子。有多少个夜晚,十一二点左右从教室旁边的教师办公室走出来后,带着满腔热血及与老师交流的心得继续回到宿舍挑灯夜战。想到班主任对自己是这样认真,再想到父母对自己的支持与付出,这时自己从未有过这样急切想得到第一名的想法,觉得只有这样才能对得起老师的那份付出,也只有这样才对得起父母的那份期待,更多的是才对得起自己那一份小心翼翼珍藏了多年的梦想。

付出的每一滴汗水都会有回报,我是一个坚信付出就会有收获的人。

抓住机会,努力争取。高三上学期临近期末的时候有一个农村专项计划自主招生,而评选的标准恰恰就是平日的模考成绩排名,我在班主任的帮助下完成了资料整理。经历这件事后,自己明白了无论什么都是要学会争取的,机会总是有的,但重要的是机会只会青睐于那些有准备的人。如果没有还过得去的模考成绩,自己是连这样的尝试机会都没有的,那么我必将错过人生最重要的一个机会。

学会减压,劳逸结合。紧张的考试和题海战术的轰炸接踵而至,我也难免增添了许多躁动与不安。这时一个能自我减负的人往往比其他人过得更轻松,效率也会高出不少。我在烦躁失落时喜欢在音乐中与阅读里让自己静下来,这个方法不一定适合任何人,但每个人都会有属于自己的减压方法。请记住,这不是在浪费宝贵时间,这是在为今后的学习赢取更多的宁静时光。

把握现在,抓住未来。无论现在的你多么优秀,请记住这些都仅仅只是过去的你努力的结果,并不是你现在行为所产生的影响,同样,现在你所做的每一件事，不是决定你的现在，而是你的将来。现在，是连接过去与未来的转折点，对于过去，我们已经无能为力，但未来还未到来，还可以根据你的现在有多种改变。因此，现在我们唯一能做的就是努力把握现在，这样才能抓住美好的未来。对于这点，我也深有体会，所以，没有理由为现在悲伤，也没有理由为未来高兴，因为在高中阶段，我们只能向前看，再辉煌的过去终究代替不了未来，我们所能做的也只有不断地学习、改错、再学习，其他的根本没有时间容你去幻想。

三

大学这个所谓终点不过是另一个新的起点，当自己踏上这段新的旅程时才发现最难忘的还是几十个人一起坐在同一个教室里听课的时光，最怀念的还是一群人在一起为了不同的梦想而奋力拼搏的岁月。

见到中大牌坊、校园草坪、舒适图书馆、逸仙铜像以及古罗马式建筑风格的学院钟楼的时候，自己的内心无不感慨万分。关于中山大学，自己最大的感触莫过于它所蕴含的"独立之精神，自由之思想"。静坐在图书馆里，享受着午后的阳光，想想自己的过往，最大的感慨还是莫过于过去所做的一切都值，无怨无悔。

青春花开，一路芬芳。走在青春的路上，用青春时光做赌注，无论结果如何，只为那一句青春无悔。

安静踏实　稳步前行

刘思君

刘思君

【个人简介】刘思君,男,1997年3月出生于四川省南江县长赤镇石滩村,2014年应届毕业于长赤中学。现就读于中山大学生命科学学院。

【求学经历】

接到恩师袁清平老师的通知是在极其紧张的复习周,本想尽快抽时间写好,但对于当时从早六点到翌日凌晨两点都在准备考试的我来说实在是没能抽出时间。因此只有考完试之后才静下心来认真地回想自己都经历了什么,有什么是可以告诉大家的,并或多或少让读者觉得自己读的并不是一篇随处可见的文章。

2011年,我经历了中考,结果还算不错,当时的成绩为我换来了长赤中学招生老师的亲自接见以及收到了其他高中学校的橄榄枝。当时只有15岁的自己觉得并没有什么,认为这只是自己努力的结果,而且坚信自己才是可以决定自己一切的人。

我高一、高二的生活和所有的高中生一样,于重复中前进,在责备中努力。作为三年的网班学生,在适应七中老师的教学前期,由于自己一直没有预习的习惯,再加上网班老师有些快速的教学进度,我逐渐出现了较为严重的问题:作业做不完,听课跟不上。好在我及时调整补救,加上本部老师的晚自习辅导,情况有所改变。课前预习的习惯也逐渐养成,我的学习也有了自己的体系安排。如此以往,在高三二轮复习开始时我的复习进度已远超老师的安排。

现在很多人都觉得高三很苦,高三的学生们压力太大,加之各种"吊瓶班"的报道让整个社会的人都觉得若不苦便不叫高三,甚至有些励志标语都说:"不苦不累高三无味。"但回顾我的高中历程,高三于我算是比较轻松的。规律的作息让我每课堂都精力充沛,超前的计划让我可以从容应对每科的大量作业,系统的学习规划让我能事半功倍。在高三时养成的这些良好品质让我一直受益,尤其是在刚刚进入大学接受提纲挈领式大学教学方式时,我能让自己一直处于轻松主动的状态。

上面的所有的都是在说学习,但是关于学习相信很多学生都有相同的疑惑:我们为什么要学习？高三如此苦就为了考上一个大学真的值得吗？在一次与高中生的交流会上,一个高三的学弟也有问到我说:"从上学开始我就听别人说读书可以改变命运,但从未觉得是真的。现在作为大学生的你认为读书究竟是为了什么?"至于命运我不敢多言,关于读书还是有自己的看法,读书学习不是为了积累骄傲的资本,相反读书会让人越来越谦卑。大学的很多教授就能体现出这点,做学问的人、搞科研的人或是成就越大的人,他们越是平易近人。诚然知识是高处不胜寒,但学习的人却是心能纳百川,学习的目的亦在于此!如同中山先生当年的训诫——要立志做大事,不要立志做大官。

所谓大事,若有意义均可算在其中。2014年暑假期间,我参加了以了解贫困地区基础教育情况并进行帮扶为主旨的中山大学爱心助学协会暑期考察活动,在巴中恩阳区、南江县、通江县进行走村入户,进行深入贫困学生家庭的家访行动。而正是在这一次的考察活动中,让我自己原有的观点发生了一些变化。一些家庭的情况让我清楚地认识到在很多时候光靠自己是不够的,不期而遇的天灾可以轻易地摧毁一个原本幸福稳定的家庭,从未预料到的病魔可以瞬间掏空家里的一切,个人的力量在这些时候就显得太过微弱。然而这些是学生时代所不用太过考虑的,在父母老师的庇护下,我们只要努力就可以够到自己想要的,不用被其他因素所干扰。但是又恰恰是可以自己掌控自己一切的学生时代我们是最不懂得珍惜的。所以希望所有的学弟学妹们都可以静下心来,安分踏实地走好自己现在的每一步,尽自己最大的努力把现在需要做的这些事情做好。到将来的某天你一定会感谢自己那踏实认真的每一步。

这里向所有的学弟学妹送上我一直坚信的那句话:最重要的始终是你自己。无论是在学习或将来的工作生活中,希望你们可以充分体现出自己的决定作用,同时心怀感恩,感谢所有帮助关心过自己人,并用自己的力量去帮助关心那些需要帮助的人。

最后感谢长赤中学所有老师的教育、学校领导的关心与帮助,感谢能有这个机会分享自己的些许观点。衷心祝愿母校长赤中学越来越好,长赤中学学子越来越优秀!

那一年，我 19 岁

张园春

【个人简介】张园春，男，19 岁，2015 年进入南江县长赤中学复读，参加 2015 年文科高考，考入中山大学。

张园春

【求学经历】

我初中就读于长赤中学，后以 741 分的中考成绩考进当时还不错的南江中学。同是好学校，却有着不同的教学模式。而我偏又对这所"生我养我"的长赤中学"情有独钟"，高中三年身在南中，心在长赤中学。身体在一个不属于自己的中学待久了，心中不免多了一丝厌烦，对南中心生厌烦的我在 2014 年考试中取得了让我难以接受的成绩。这成绩斩断了我的退路。知道成绩的当晚，我在家人的安慰声里笑着哭了。因为我知道，只要我还活着，就应该要想方设法地活出一个人应有的样子。

我擦干心里的眼泪，迈出了复读的第一步，从此无怨无悔。在长赤中学的这一年，我从不曾有过哭泣，因此能够笑到了未来。

奋斗历程

正如我的人生格言:我们现在这不叫活着,只是没有死去。没有在足够的时间里做足够想去做的事情,光华流走,人生被透支得只剩苟延残喘之躯壳,这叫没死去。身处繁华的灯红酒绿,亦步亦趋,而不知道目的地以及前路,这叫没有死去。即使你努力过也奋斗过,但最后连一个与你分享喜悦感的玩伴都难以找到,这也叫没有死去。很多时候,我的高中前三年就在这样的间隔里过去了。第四年,我想活着了,于是,长赤中学再次成为我的战场。

又来到了熟悉的长赤中学,现在建设得怎么样了,学生的实力如何,老师到底有没有能耐,那个我梦寐以求的成都七中直播教学会不会真的就如一些老师讲的那样仅仅是为了骗钱财⋯⋯这一切在心里都是个未知数。直到见到新班主任蒋新强,这一切的疑惑都在"老蒋'的一顿饭之后化为了信心与勇气。蒋老师很喜欢请我们吃饭,而我也对那些能给我带来美食的人存在着无污染的好感,就这样,我也不清楚该叫他老师还是随大流地叫老蒋,这个有魄力的男人无形之中成了我的成功学(语文)的导师。在这里,还有一大堆怀有梦想也同样爱长赤美食的同学陪着我,每周不定时的聚餐时候的学习、争吵、辩论就成了压"历"山大高三党最痛快的休闲时光。

袁清平老师是我见过的长得最帅、课讲得最好的数学老师,和以往老师不同的是他从来不图题量,而是把每一道题都讲给我们听,虽然我们懂得不多,但每一道题又都难不倒我们,这样就足以应付考试了。话说回来,弄懂每一道见过的题,在此基础上加大练习量,这才正是学数学的要点。政治老师和历史老师分别是王铃、杨艳,她们的名字好听,人好看,讲课也生动。王老师是一个漂亮大姐姐,我们每个人跟她总会有说不完的心事,可能说的话多了,心灵敞亮了,记的东西自然就变得多了,王老师总会有很多的知识点给班里的同学们说,我们的每堂课也都比较充实,因为一下课就能背下课上的内容,感觉再也不用像从前那样畏惧满本的笔记以及考试了。杨艳老师是我的初中老师,她很关心我和班上的同学,我们也就爱上她的课,爱做她出的题,爱上她所教科目的考试。地理老师纯厚老实,英语老师经验丰富又有趣味,他们的故事都有很多,就如那风中的曼陀铃,想不起,却总能听得到。

一诊考试、二诊考试、三诊考试、高考,一切来得紧张而没有悬念!

有人说,老师好,学生又努力,自然就考得好。这如同扇了我一记耳光,我考了高三一整年中最不靠谱的分数。高考加上准备的两天共四天,而我只睡着了四个小时。是前一天见了曾经不愿意见的老师?还是教育局的人来握手让我激动不已?又或者是数学太简单而我大脑发昏没做的题太多?这些都不是,原因很简单——我只是没有死去。夜里总是很寂静,静得让人绝望,我又一次望向天空,繁星闪闪。之后我熬夜、准备面试,最终我通过了中山大学的自主招生考试,考到了广东。

正是因为没有死去,才有了无限的可能! 正是因为努力地活着,挥汗如雨,才让我在曾经跌倒的地方重现站了起来,活出了精彩的自己!

转眼之间,离开长赤中学半年有余,昔日那段挥汗如雨的日子也已成了永不磨灭的回忆,脑海中不禁浮想起这几句古诗"树底迷楼画里人,金钗沽酒醉余春。鞭丝车影匆匆去,十里樱花十里尘",昔日和我一起并肩作战的老师、同学、朋友,你们身在何方?

19 岁那年,我们拿过笔,流过汗,赶过考……

一路坚持，一路收获

岳玲

岳玲

【个人简介】岳玲，女，2016 年通过复读考入中山大学。

【求学经历】

我和许许多多的农村学子一样，小学、初中、高中都是留守学生，高一时，爷爷去世、哥哥读大学，我便开始了真正意义上的一个人在家的生活，我很感激这段时光，在此期间，我不仅学会了许多生活技能，还懂得了关心家人的重要性。因此每周我会和爸爸妈妈打电话，在高三和复读的那段时间，每周将近一个小时的通话，便是我繁忙学习生活中最惬意、最暖心的时刻，也可以说是我一直以来的加油站。每次听着劳累了一天的父母还说让我学习别太累，吃好一点，再想起以前看到他们半夜三点多就起床去赶工期，想起爸爸不愿为自己多花一分钱，想起妈妈摔下楼进了医院也不告诉我和哥哥，心里的感受无法用言语表达，有心痛、有惭愧、有要发愤图强，挂电话时我和哥哥都会习惯性地说上一句："爸妈一定要保重身体！"这样多多少少会让他们有一点点欣慰！

除此之外，我更有了一般女生没有的刚强独立，可能也就是这份刚强独立,才让我从一个某种意义上的差生坚持着走到了今天。

小学三年级之前成绩一直很好,听妈妈说那时我的书写也非常漂亮,后面妈妈去了西安打工,没有了家长的管束,我的学习也就懒散了,一直到初中,学习成绩都是普普通通的中等水平,中考的时候超常发挥,分数超过了重点高中线,那时没有想过自己会考起重点高中,就这样我来到了长赤中学实验班。

高一时,由于我有一点贪玩和不适应新的教学方法,成绩一下子就差到了极点,那时练习册有很多题没有做,上课一不小心就开小差,考试的分数总是很"好看",七八百分的题考过两百多分,具体每科有多差想都不用想。其实,一直以来在所有亲戚和爸妈的眼里,我都是一个刻苦学习的乖乖女形象,这也算是我的一份压力,所以,我知道自己要努力努力再努力,父母的希望都寄托在我身上,不能让父母失望!有时会心血来潮写个学习计划,也会心潮澎湃地买几套试卷,规定每天一套,还会周末背一大包书回家准备好好复习自己没有学好的部分,然而这些都只是虎头蛇尾,有始无终。深深记得高一期末考时,由于成绩太差怕爸妈伤心失望,我就作弊考了班级十五名,心虚地把成绩单给爸爸看时,被爸爸的一句:"是不是作弊的哦?"可能是玩笑的话深深地刺激到了,看着爸爸当时脸上的笑容,还有在洗衣服的妈妈的消瘦的背影,想起初中小学时段的我一直是诚实好学的好学生、一直是全家人夸赞的对象,就那么一瞬间,心里五味陈杂,也懂得了很多、成长了许多。

此后,我的学习算是基本上步入了正轨,早晨五点到六点间起床,六点十五准时到教室,虽然现在已经不记得当时我都具体做什么了,晚上十二点过才睡,还记得为了不在课堂上打瞌睡,我让我的同桌把我的手背全捏红肿了,这样坚持了一段时间后,我喜欢上了早起,喜欢天还未完全亮时一个人走在路上感受着早晨独特的清爽,喜欢一个人静静享受热腾腾的早餐,喜欢晚上忙完后走在夜深人静的路上。这样一坚持便是三年,现在想想,还真是佩服当时的自己,我每天第一个到教室,最后一个走,基本上一整天都在学习,虽然一年过去了,我的成绩并没有提高很多,不过我也没有太失落,反而是一直喜欢着早起晚睡,喜欢充实的每一天,那时好像真的没有想太多,没有在乎别人的看法,也不怕别人说闲话。

可以说应届高三是我最最刻苦的时候,那时看了一些学校上一届比较厉害的人的笔记,参加了他们的学习经验交流会,无意中也看了《清华北大不是梦》这本书里面的一些文章,可以说,我的成绩提高的很大一部分因素便是这些,因为我学到了:时间真的有很多,只要肯挤;每天的学习计划要精确到每分钟;只要敢去做,就没有什么不可能;坚持就是胜利等。高二的我只是盲目学习,没有什么计划,到了高三,我写了很多很多每日学习计划,虽然有一些也没有完全完成,不过这样条理性的学习真的很神奇。就拿我的英语来说,高一时五十多分,高二暑假补课期间,我每天的任务清单中最多的便是记单词,早晨一到教室便记二十分钟单词,早自习下课再温习十分钟刚刚记的,课间还是温习早上记过的单词,读着单词想想意思,看着意思写写单词,晚上也规定自己从十点五十到十一点半做阅读、完形改错,还有我觉得可能是最重要的一点,晚上睡前再温习白天记的单词。寝室熄灯了,我就用手机打光在被窝里记,之前一直听别人说什么睡前记忆是最好的,只有自己实践过才能真正体会这话的精妙,仅仅一个月的时间,必修的全部单词我记得滚瓜烂熟,而且基本不怎么会忘,以后都没怎么记单词,我的英语就这样突飞猛进了,记忆中好像就再没下过一百。

可是呢,2015 年高考还是失败了,填志愿时终究还是忍不住大哭了一场,复读的时候,压力肯定是有的,但有时更多的是担心和不安,担心自己高考又会发挥不好。说到这一年里的学习,我最大的感触就是,只要你鼓起勇气下定决心要把一门课学好,不惧怕它,那么你就成功了一大半了。我的理综便是这样,之前一直认为自己的弱势是理综,也没想过自己能把它学好,复读的时候,我旁边后面坐的同学都是理综可以考到两百五六的人,当时理综还只有一百多的我心有不甘,就开始尝试着把理综的全套题都做一下,之前看都不看的最后一题以及难一点的计算题都努力地把它们解决,也就一周左右吧,理综就上升到两百多分了。当时不仅我的同桌、后桌感到不可思议,连我自己都有点蒙了,我想这便是世上无难事只怕有心人吧,真的愈发觉得有很多道理都是只有在自己经历后才能体会。

现在我有幸到了一个高手云集的大学,多多少少有时会有一点自卑,身边的人不仅学习比我好(基本高考分数都是 650 分以上),他们的生活也比我丰富:钢琴九级、精通各种乐器、打 ACM 竞赛、懂得 JAVA、打过代码、写过程序(还不是一般的简单程序)、自学过 C 语言,等等。虽说如此,其实道理我也都懂,我现在和他们是站在同一条起跑线上的,既然他们懂得比我多,我便要更加努力地来打造自己,并不是说为了和他们比较,赶上他们,而是想趁着青春年华,好好拼搏一番!

于是,在竞选班级临时负责人时,我第一个冲上讲台,虽然由于事先没有准备,又有点紧张,发言有点糟糕,不过可能就是因为我及时抓住了机会,我居然当选了。军训期间,我也是我们排的通讯员,班级临时负责人和通讯员这两个职务,注定我要比别人辛苦很多,每天晚上一篇通讯稿,各种信息采集表格,各种军训活动的宣传、报名、消息通知以及答疑等。那段时间手机基本是炸了,秒秒钟消息就上百条,虽然做了很多问答文档,还是会常常一个问题解答很多次,毕竟大家都是新生,在一个陌生的环境,认识的人也不多,又没有中学阶段的班主任,当时也没有班长,唯一认识的管事的也就是通讯员以及班级临时负责人了。

记得发教材那天,由于书特别多,需要借小推车,于是我跑了学校第一食堂、第二食堂、第四食堂、教育超市、欢乐多超市,下雨了也不记得要打伞,心里只有一个念头,那就是我一定要借到小推车,最后在 FAMILY 超市终于还是借到了,现在想想真心感谢自己那股不放弃的劲,虽然已经很累了,汗水和雨水把衣服头发都打湿了,可是还是兴奋地推着小推车跑起来,想和大家分享一下这喜悦,想要立刻骄傲地大声告诉同学们我借到小推车了！因为当时没有几个班可以借到小推车，很多男生都是苦逼地搬着大箱大箱的书在细雨中慢慢地前行。虽然那天忙的午饭时间都错过了，不过有那么多同学的帮助，以及无数句的谢谢班负、辛苦了，还是感觉好欣慰好开心，努力的成果总是那么的迷人！

　　军训结束后，就是班委选举大会了，本来是要由学长学姐来主持的，但我心想这么好的锻炼能力的机会怎么能错过，于是我大胆地申请了我来主持，最后，我成了我们班的班长。同样，成为班长不是因为我比他们优秀，而是我敢去做，及时抓住机会。现在愈来愈觉得平时我们耳熟能详的大道理只有在经历后才能真正领悟到其精妙。

　　虽然现在我还不够优秀，英语分班考试也考得不像话，知道自己在 C 班（A 班最好）时，难过又自卑。不过很快，我就换了一个角度去想，这其实是提醒我要比别人更加努力，更加卖力，也没什么好自卑的，坚持努力下去，相信自己，总有一天你会超越他们，就算没有超越，至少也前行了！现在全英文的教材也是一大难关，不过我还是那句通俗但不简单的话，世上无难事只怕有心人！

长赤中学，我心中的爱

何炘

何炘

【个人简介】何炘，2017 年高考以总分 600 分的优异成绩考入中山大学。

【求学经历】

离开母校快要一年了，高中的这三年仍旧是历历在目，回想起来感慨万千。长赤中学承载着我六年中学生活的一点一滴，也记录了这些年我在此努力的分分秒秒。我感恩我所遇到的每一位恩师，感激遇到的每一位同学，他们的陪伴和鼓励是我此生珍贵动容的回忆。

从我步入高中以来，遇到的每一位老师都对我照顾有加。无论是学习还是生活都给予我正确的指导，他们不断地发掘我的潜力，给我鼓励，给我机会，让我得以实现自己的想法。在为高考奋斗的路上，他们是我永远的明灯。

还记得我选择了文科被分到 14 班的时候，我的班主任和科任老师都非常主动地询问我的状况、关心我，热心地帮我适应这个陌生的环境。他们也会在考试后和我一起总结试卷的错误和学习中的问题。当我向许老师说我想尝试做主持的时候，他会在合适的场合主动推荐我；当我语文遇到瓶颈的时候，何老师会在办公室给我讲一晚上的答题方法；当我周末在教室写作业的时候，强老师会进来和我聊天谈心；数学不好，文老师就每天督促我做题；英语没有提升，刘老师就定量检查我背单词；文综的各科老师更是不厌其烦地给我讲错题，查阅资料为我答疑解惑；体育林老师也会想尽办法，让我们难得的体育课多做运动，放松自己。

当然，对我影响最大的还是我的班主任赵老师。他管理班级的方法很佛系，但却很受用。他总是提醒你应该去做什么，监督你但从不会刻意给人压力。那段时间，我的数学成绩很糟糕，赵老师就和我谈了整个晚自习怎么学习数学，之后的每一个晚自习他都会问我有没有按时写数学作业，有时还会允许我在他的晚自习上写数学作业；我失眠严重的时候，赵老师每天都会关注我的状态，替我着急；在我考试考砸了，心态崩溃的时候，他也会很耐心地做倾听者和建议者；当我被地理题搞得焦头烂额的时候，他会幽默地安慰我；当我陷入瓶颈期郁郁寡欢的时候，他会鼓励我专心努力，其他的都顺其自然。他知道高三的学习很苦，所以早上有同学迟到的时，他不会多加责备，只是打通电话叫醒同学来上课。在忙碌而沉重的高三，他总是尽可能地给我们自由，让我们好好休息。都说"一日为师，终身为父"，他的包容和关爱带给我的高中无限温暖，毕业后每当和同学谈论起曾经的日子，都不禁感叹要有多大的好运才能遇到这样的老师，让我们的高三生活不似旁人那般难熬压抑，甚至还有暖意融融的时刻。

总的来说，高中的日子的确是平淡不起波澜的，日复一日地上课、写作业、考试,但正是这样的日子,让人觉得充实和珍贵。和一伙志同道合的朋友们一起努力、一起奋斗、相互帮助、彼此关爱。我清晨带着早餐冲向教室,开始早读;下课后和同桌聊聊天,趴在桌子上睡一小会儿再起来继续刷题;中午在教室写一套文综选择题再午休,晚上再继续刷题,整理笔记;趁着晚自习课间,在操场跑步缓解压力,和白天不怎么碰到的朋友围着操场走过一圈又一圈。每天都是行色匆匆,但却异常充实,看着桌上越堆越高的资料,却愈发平静坦然,每写完一本题册,都会倍感骄傲。

虽然如此,我的高三也依旧是充满了压力、迷茫和不自信,碰到考砸的时候会郁闷很久,状态不好的时候怀疑自己,看到同学们努力刻苦的样子常感到迷茫和不知所措。但是好像到了后期,所有的这些情绪就会有一个突破口了。离高考越近我反而越平静,不再刻意思考具体的目标,只想做好眼下手里的事情。偶尔也和同桌吐槽一下作业太多再相互安慰打气,知道如何把握松紧,会更加珍惜每一天的时光想让每分每刻都充实。我不再关注每一次的成绩和排名,只想超越自己,让自己不后悔。尽人事,安天命,平静地过完了高三最后的日子,也有幸得到了完美的结果。

到了大学常常会怀念高三的生活——怀念和14班的同学一起经历从浮躁到平静,共同安心地为了高考而努力,互相帮助,彼此支持;怀念老师们亲切地关怀和他们眼底的疲惫劳累;怀念我们所有人在一起惺惺相惜,纯粹而美好的时光;怀念长赤中学的一草一木、一桌一椅。

长赤中学将是我心底永远的挚爱和牵挂。

弃燕雀之小志,慕鸿鹄以高翔

夏攀

【个人简介】夏攀,男,2011 年进入长赤中学读初中,2014 年进入长赤中学读高中,2017 年以优异的成绩考入中山大学。

【求学经历】

学弟学妹们,大家好！我是长赤中学高 2014 级 12 班的夏攀,现是中山大学大气科学学院的一名本科生。我很荣幸能有这个机会给大家分享一下我在长赤中学的求学经历和人生感悟。

长赤中学对于我而言可谓是蜕变之地吧。我从初一到高三一直在这里学习,可以说五年讨厌一年喜欢,但恰恰是高三的时候喜欢。初中的时候,班主任教育我,语文老师教育我,政治老师教育我……当时比较叛逆,把他们全部当作仇人,后来才发现,老师们还是很讲道理的,教育的有道理！高中老师对我很好,可能和初中老师差不多,还是比较严格,只是自己意识发生变化了,以至于高中三年比初中三年有意义多了！但高一高二时,我喜欢玩游戏,导致对学习产生了厌烦情绪,也不太喜欢学校生活。不过高三我倒是挺喜欢学校的,因为此时心中有目标,而学校恰恰是一个帮助我实现目标的平台。

高中三年是充满拼搏的,大多数人会认为是苦涩无聊的,但也会收获很多东西,因为这是在为我们自己的人生奋斗,再苦再累,也不会后悔。高三是最有意义的一年,我在长赤中学有拼搏也有收获。这大概是自身经历吧,付出了终有回报,浪费了终有悔恨。学在长赤中学,追求卓越。但是现在我可以肯定地告诉你们,大学会更苦更累,除非你到大学只是为了混时间。高考真的只是第一道门槛,如若把人生比作万里长征,那么你高考成功才算是走了第一步。但是高考考得好以后路会好走很多,其实高考就是一次让我们农村孩子蜕变的机会,就看你珍不珍惜。

各位学弟学妹,尽管我们身处落后山区,但一定要有更高更远的人生追求,眼光长远一点,努力学习,给自己找一个升华自己的门槛。在我们那个小地方,也许你很优秀,会受到学校、老师的重视,会得到大家尊重,但你千万别沾沾自喜,因为你的思维、视野会受到你的活动范围的制约,一旦你走出家乡进入名校,让你引以为豪的东西在外人眼里什么都不是,你要是厚着脸皮去显摆,只会给城里人增添笑柄罢了!因为你会发现优秀的人太多了,你和他们在各方面的差距太大了,平常在书中或电视中看到的牛人,在你的身边同样存在,所以大学是你提升自我的又一个开端,想做一个有出息的人的前提是考上一个好大学,大学是平台,大学越好,平台越高,以后人生起点就越高!正是在这所优秀的大学,让我更清晰地认识了自己的不足,也正是这所优秀的大学,让我有机会弥补自己的不足。所以我要对各位学弟学妹说,弃燕雀之小志,慕鸿鹄以高翔,因为他们眼中的世界和领略的风景绝对不一样。

宁静致远

唐洪坤

唐洪坤

【个人简介】唐洪坤,男,汉族,1998 年 2 月出生于四川省南江县凤仪乡。长赤中学高 2016 届毕业生。2017 年考入中山大学,现就读于中山大学数学学院(珠海)。

【求学经历】

首先,能在这里分享自身的经历给身在长赤中学的你们,我感到很幸运。希望自己的经历能给各位长赤中学的学弟学妹们带来些许启发。

谈到求学经历,我想我和大多数农村孩子一样,起点都是某某村小。没错,我作为一名学生的职业生涯亦始于一所现已销声匿迹的村小。

每天都是一个背包、一本语文书、一本数学书、两个作业本、一支铅笔,脚踏着崎岖的山村小道,来往于看起来破旧不堪的学校与家之间。直到读完一年级,学生人数越来越少,村小撑不住了,便解散了,我们只得转到了乡上的"正规"小学。地方变了,但装备从没有变过,只是课本上的年级从二到六越变越大,时间由 2005 年到 2010 年距离现在越来越近罢了。总的来说,小学时光仍是最为轻松快乐的。

接下来是中学。我初中就读的学校是正直中学。可能是小学的基础还不错,初中的成绩一直都还算过得去。上了初中,由于学校在镇上,父母也都在外地打工,只有奶奶照顾我和弟弟,所以便在镇上租了房子。日子也算简单,每天来往于学校与家之间,严格的两点一线的生活。在学校里也算很守规矩,一直也没有越过雷池,是老师眼中的好学生。三年后的中考,我的成绩名列年级第二,所以很幸运地就进入了长赤中学的特优班。

进入高中后,身上的担子重了很多。奶奶由于中风,失去了劳动能力,母亲便一直在家照顾。为了方便我和弟弟上学,所以一家人又在长赤镇租了两间房。但是迫于生活压力,母亲在街上找了一家饭馆帮忙,为家庭赚取一点生活费。饭馆的工作并不闲,所以常常没有时间给我们做午饭和晚饭,由于我小学时就学会了做饭,便把这项家务活承包了下来。每天中午、下午回家自己做饭,时间虽说很紧,但还算够用。中午放学回家,忙完后差不多有半个小时时间,睡二十分钟午觉,到学校刚好赶上铃声(当然了,是在铃声之前)。这可能比同龄人要累点,也少了一些学习的时间,但是我并没有让自己落后。

时间既然不够多,所以对于应该用来学习的时间,我一丝一毫也没敢浪费。高中应届三年的成绩一直都保持在年级前十左右。

对于高中的学习,我没有太多自己的见解。总结来说只有简单的两点:用心和方法。第一,把应该用来学习的时间一定要心无旁骛地对待学习,可以用来学习的时间也尽量不要错过。功夫不负有心人,只要你足够用心、努力了,结果一定不会差。第二,找对学习方法。没有哪一个方法是适合所有人的,找到适合自己的就行。什么方法最适合自己,需要自己去尝试,但也不能不听取老师的意见。首先,跟着老师的步伐走,这绝对是正确的方向,是重中之重。这是学习新知识以及高三复习时每个人都应该有的节奏。其次,需要对所学的知识进行总结,要有自己的纠错本,记录平时自己容易出错或是还没有弄懂的地方,并且要经常抽时间去复习。

我是长赤中学 2016 届的学生,通过一年的复读在今年(2017 年)考入中山大学。所以对于仍在复读以期取得更好成绩的学子分享一点体会(当然,这对于应届学子来说也是一样的)。复读的这一年,我们面对的是各种的复习资料和众多的考试、练习。有考试,就必然有分数不如意的时候,这时一定要有平常心,要有一个好的心态。分数固然重要,但是除了高考的那一次分数,谁还会在意你几诊或是那次月考、周考的成绩呢?总结错误,弥补不足,是每次考试后最重要的。至于分数,大可忽略,最多告诉自己一句"知耻而后勇",后面努力便是了。不管什么时候,心态一定不要崩。

现在再回顾自己的高中生活,我总结了最重要的三件事:睡觉、吃饭、学习。为什么是这三件事呢? 睡不好觉,怎么会有精神去学习;吃不好饭,怎么会有力气去学习。做好了前两件事的人,后一件事绝对不会差!(当然了,这里的"睡觉"指的是一个规律的作息时间。)

最后,祝愿各位长赤中学的学弟学妹们学业进步,金榜题名!

只为心中那个金色的梦

陈相如

陈相如

【个人简介】陈相如,1994 年 12 月生于四川省南江县长赤镇一农民家庭。母亲是一名普普通通的农民,父亲是一名常年在外打工的农民工。于 2001 年 9 月进入龙池村村小学习,2008 年 9 月就读于长赤镇九义校。2011 年 9 月以优异的成绩进入南江县长赤中学读高中。在 2015 年金色的六月,以 612 分的成绩被同济大学临床医学专业录取。

【求学经历】

我的求学之路并不是一帆风顺,三年高中转瞬即逝,2014 高考,我以 561 分的成绩被山西大学录取。作为一个农村孩子,大山囚得住我的脚步,却囚不住我这颗有目标的心。我期待长风破浪之时,直挂云帆奔名校。大学于我,是自己与世界对话的接口,是一个金色的梦,这个梦需要我努力奋斗方能实现。没有伞的孩子就必须学会奔跑!因此我绝不苟且,亦不应付。为了心中那个金色的梦,我毅然选择了复读。

复读是生活的另一种体验,它多了一层无形的压力,增加了未来的不确定性,我常怀疑自己的能力,认为自己不能够做得更好。对于未来,我的家境不允许我有所失误,我只有不停地努力努力再努力,生活才似乎是光明的。有时候累了,想放弃了,我会想起俞敏洪的一句话:"人的生活方式有两种,第一种是像草一样活着:再成长,你还是长不大,人们可以踩过你,不会产生痛苦,因为人们本身就没有看到你,所以,我们每一个人都应该像树一样成长。即使我们现在什么都不是,但是只要你有树的种子,即使你被踩到泥土中间,你依然能够吸收泥土的养分。你也许两年三年长不大,但是十年八年二十年你一定能长成参天大树。树,活着是美丽的风景,死了依然是栋梁之材。活着死了都有用。"我便又欣然起航。走在高考这条有点颠簸的道路上,我们每个人的心中都应怀揣一棵树的种子。不管风雨浸湿眼眸或是寒风刮破皮肤,都应昂着头坚毅地迎接属于高处的荆棘。于是,我们慢慢有了树的躯干,挺拔而矫健。虽然看得出粗糙的臂膀上有些许伤疤,但却被倾注着艳羡的目光。或许,人生的旅程,我们并不能长成像俞敏洪所说的参天大树,但只要我们始终怀揣着这颗梦想的树种,我们就一定能够等到那一天阳光明媚,阳光照在我们的绿叶上,闪着鲜艳的绿光。

我们的生活就如同这天气,时而阳光明媚,时而飘着小雨,但不论怎样,这都是人生路上特有的风景,且行且珍惜!

至于自己的学习经验,我想了想大致归纳了六点:第一点是改错题上要下功夫,平时学习中的错题不可小觑,一定要搞懂究竟错在何处;第二点是平时学习中多和老师交流,不懂不会的问题要及时向老师求教;第三点就是平时学习中注重整理好题,一些自认为重点的题目一定要专门归纳整理到一个本上,考试前着重复习这些题目,这样不至于浪费时间,做无用功;第四点是课外一定要多做题,勤于练习,弥补自己的不足;第五点是合理安排时间,早做准备,后期就不会觉得紧张。阶段性的时间分配,要注重各科要平衡用力,仅略有侧重,不要抓了这科,丢了那科,杜绝弱科的产生;第六点也是我认为最重要的,那就是坚持,其实不论做什么都要持之以恒。再困难的事,咬咬牙也就过去了! 学习犹如逆水行舟,不进则退!

拼搏青春,无悔明天

蒋佩芝

【个人简介】蒋佩芝,1997 年 1 月 26 日出生于南江县长赤镇。2003 至 2009 年就读于长赤镇明德小学,后通过选拔考试升入长赤中学,完成初高中学业,于 2015 年顺利考进中国青年政治学院。

【求学经历】

我出生在一个普通的家庭,父母都是本分的生意人,没有接受过高等教育,但是他们都有着较高的思想觉悟。他们从小就教育我长大以后一定要成为一名对社会,对国家有突出贡献的人。生长于和平年代的我,虽然没有经历过那战火纷飞,硝烟弥漫的战争年代,但我深知今天的幸福生活是无数老一辈无产阶级革命先烈用鲜血与生命换来的,是来之不易的。

2003 年 9 月,我进入长赤明德小学学习,开始了我人生中的学习生涯。在小学的六年中,我牢记父母的告诫,好好学习,不辜负家人对我的期望,在班上学习成绩一直名列前茅,并且在同学当中有相当高的威望,在那时小小的我开始明白了什么是职责,什么是奉献。经过了六年的努力学习,我顺利升入了初中。

2009 年 9 月,我成了长赤中学这个温暖大家庭中的一员并开始了我的中学学习。为了不辜负父母的期望和自己曾经的努力,我更加严格要求自己,学习上一丝不苟,学习成绩名列前茅。在充分掌握老师课堂上讲解的知识外,我还不断拓展自己的知识面,使自己的思想与时俱进,紧跟时代步伐。

高中三年对我而言是极为深刻的一段经历,也是永远无法忘怀的岁月。其实在开始较长的一段时间里我都没能较好适应全新的高中学习模式,所以高一时我的学习成绩很不理想,而我也曾因为这种巨大的落差而一度消沉,荒废时日。兴趣使然,后在文理分科时我选择了文科,这个选择对我而言是尤为重要的,也因此我想要重新开始,重燃斗志,奋力拼搏。在这个强手如云的文科班,学习上竞争的压力也随之加大许多。但可能是性格的原因吧,有些好强的我喜欢这种充满竞争挑战的氛围,它也促使我不断努力再努力,时刻鞭策着我。学习固然重要,但思想的锤炼升华也同样不能落下。我崇拜有巨大人格魅力的人,并一直希望自己也能做到。在高中生活中,我坚持自我反省且努力地完善自己的人格,并越来越认识到品行对一个人来说是多么的重要,关系到是否能形成正确的人生观、世界观。我也领悟到,与其说品德是个人的人品操行,不如说是个人对整个社会的责任。一个人活在这个世界上,就得对社会负起一定的责任义务,有了高尚的品德,就能正确认识自己所负的责任,在贡献中实现自身的价值。

我并不是一个学习很拔尖的人,但我却在学习的过程中收获了许多。珍贵的三年高中生活已经过去,但这期间的许多经验教训却是值得反思的,我特此总结一下三年的得失,从中继承做得好的方面改进不足的地方,使自己回顾走过的路,也更是为了看清将来要走的路。

首先是端正学习态度。有句外国名言是:你的态度决定了你的高度。我很赞同这句话,而它也的确给予我极大地启示,使我以一个正确良好的态度去学习。其次是提高自学能力。高中的每节课都会讲述很多知识,只靠课堂上听讲是完全不够的。这就要求在课下练习巩固课堂上所学的知识,时常钻研复习并及时预习。日积月累,自学能力得到了提高。最后就是掌握学习方法和注重独立思考。要想学好只埋头苦学是不行的,要学会"方法",做事情的方法。古话说得好,授人以鱼不如授人以渔,学习的目的就是要学会"渔",但说起来容易做起来难,我换了好多种方法,做什么都勤于思考,遇有不懂的地方也会勤于请教。在学习时,以"独立思考"作为自己的座右铭,时刻不忘警戒。随着学习的进步和钻研的深入,到后来我可以较快速地掌握一种新的技术知识,我认为这对于将来是很重要的。

我个人认为自己最大的缺点就是喜欢一心两用甚至多用,急功近利,喜欢一口气学许多东西,但是贪多嚼不烂,即使最后都能学会,也已经搞得自己很疲劳。如今想想,这样其实并不好,正所谓贵在精而不在广。如果我一段时期内专注于一种学问,不求博但求精,相信一定能更深刻地理解并掌握这门知识。自从我发现自己有这个缺点和问题后,我就时常警戒自己。

　　三年的高中生活使我学到了很多知识,更重要的是有了较快掌握一种新事物的能力。思想变成熟了许多,性格更坚毅了。与同学和老师建立了友谊,并在与他们的交往中提升了自身素质,认清了自身的一些短处并尽力改正。为将来的学习乃至走向社会奠定基础。三年的高中生活是我人生这条线上的一小段,是闪闪发光的一段,它包含了汗水和收获,为我开启新的人生起着至关重要的作用! 如今,我已经成了一名大学生,一步步走来,有时感觉很忙很累,但我相信付出与回报是成正比的。大学生活使我提高了自学能力和对新事物的接受能力,工作的同时,自己的阅历在慢慢增加,能力在慢慢提高,综合素质也有明显的提高,对于集体和团队有了更深层次的理解。与我所收获的这些相比,过程中的那些忙和累已经微不足道了。

　　每个人都应该有自己的定位,有了定位才能有正确的目标,然后再带着满腔的热血和激情,自信地去拼搏。曾经的辉煌只能代表过去,它连同昨天一起定格在了我的记忆中,未来的美好还要靠自己的双手去创造。面对新的征程,我相信自己会一如既往,发奋图强,我会把毕业当作对过去的一个总结,更会把它当成是未来的开始。乘风破浪会有时,直挂云帆济沧海,我会用乐观无畏的精神和勇气,迎接未来的每一个挑战!

做最虔诚的自己

何元驹

何元驹

【个人简介】何元驹,男,中共党员,1991 年 8 月出生于四川省南江县红光乡,2008 年就读于长赤中学,2011 年考入电子科技大学通信与信息工程学院通信工程专业。在校期间,荣获各类荣誉称号及奖项 10 余项,各类奖学金 3 万余元,综合成绩排名专业前 5% ,2015 年已被保送至电子科技大学通信抗干扰技术国家级重点实验室攻读硕士研究生。

【求学经历】

夜里 11 点,走出实验室 ,蓦然发现,外面的世界早已冬风呼啸,白雪纷飞。记忆里,蓉城的冬天很少看到雪花,这大概是我来成都 5 年第三次看到雪花。我熟练地戴上手套,跨上小单车,路上早已少有行人,一路上都是车轮压过银杏叶的沙沙声。回到寝室,摊开笔记本的瞬间那些早已沉睡在心间的故事,如泉水般汩汩流淌而来。

栀子花开，岁月静好

那是 2008 年，汶川大地震刚刚过去不到三个月，长赤中学校园里还满是未拆除的帐篷和改建校园的工地。就是这样一个骄阳似火的八月，我在这里邂逅了高 2011 届 12 班，邂逅了那一群来自全县的优秀学子，邂逅了那个帮助我们成长的优秀教师团队。我至今仍然记得，跨进校园有一座双手托起地球的雕塑，而那雕塑的基座上，则铭刻着"学成于思，德修与行"的校训；至今仍然记得那个暑假的第一堂课就是唱"阳光总在风雨后"，这也是后来我们班的班歌，现在当我遇到事情进展不顺的时候还常常默默地吟唱，只要哼起，便是满满的力量；至今仍然记得在一楼角落的那间教室里，班主任站在讲台上自信满满而掷地有声地说："同学们，大学离我们已经只有三年时光，而我们将用这三年时光追上一线城市的孩子，剑指名校！"至今仍然记得第一堂语文课的古文赏析，出自《荀子·劝学》的"兰槐之根是为芷，其渐之滫，君子不近，庶人不服。其质非不美也，所渐者然也"。

两耳不闻窗外事，一心只读圣贤书，在长赤中学的日子总是过得很快。在这段日子里，我有过刻苦学习，成绩突飞猛进的喜悦；也有过迷惘挣扎，成绩一落千丈的痛苦；我有挑灯夜战做完数百套试卷的苦修；也有阳光满地林荫下打羽毛球的快活。最难忘的是那些迷惘日子里，老师们对我的悉心指导与鼓励，同学对我的鼓励与帮助。记得老师拿着我不及格的试卷,微笑地对我说:"相信你能够东山再起。"然后一点点地帮我分析试卷;记得那粉红的信笺纸上,同桌抄送给我的诗歌:假如你不够快乐,也不要把眉头深锁,人生本来短暂,为什么还要栽培苦涩?打开尘封的门窗,让阳光雨露洒遍每个角落,走向生命的原野,让风儿熨平前额,博大可以稀释忧愁,深色能够覆盖浅色。当高考出成绩的那一天晚上,班主任老师打电话告诉我,我取得了全县第七名的好成绩时,那一刻我心中无喜无忧。因为三年的努力,这个成绩,并不会让人感到意外。回望这三年,庆幸自己在长赤中学,庆幸自己在十二班,因为这三年收获的不仅是成绩,更有那浓浓的师生情,浓浓的同学情以及长赤中学赋予我的不断拼搏,奋发有为的精神。这三年,就像开在生命中的栀子花,芬芳而馥郁。

厚积薄发,遍地开花

记得刚刚进入电子科技大学的时候,那时的我见到周围优秀的同学们时,我还有些自卑。当我准备英语四级的时候,周围的同学已经开始背GRE 的单词;当我开始学习 C 语言的时候,周围的同学已经能够进行熟练的编程;当我闲时读《道德经》的时候,我室友能把《道德经》一字不漏地背下来。这个时候我才知道,我和大家的差距有多大。但是这些困难又怎么能将我打倒呢。在过了短暂的迷茫期之后,我便开始奋起直追。我明白大学不是奋斗的终点,而只是真正人生奋斗的又一个起点。我从来不奢求一分努力,一分收获。但是我知道当我付出 20 分的努力时,那么我得到 10 分的收获的概率会大大增加。在大学里,周末泡图书馆,忙的时候直接睡实验室,虽然辛苦,但是有收获总是值得。

学习不止。学习永远是学生的天职,不管有多么重要的事情,学习不能懈怠。2011 年至今,我先后获得 4 次各类奖学金,共计 3 万余元。同时专业成绩位于专业前 5%,高分保送研究生。

创新不断。从 2011 年进入大学的时候,我便在注重自己科学文化素质培养的同时,努力培养自己的创新意识。电子科技大学一直有很好的大学生创新能力培养的平台,我十分注重自己在这些平台上的努力发展,积极参与各项课外科创实践活动,并取得了良好的成绩,获得各类省、部、校级奖励十余项。在这期间,自己还主持了两项学生科研创新项目,共计获得学校资助近 8 000 元。2015 年下半年,我便与朋友一起,成立了自己的硬件创新工作室,我们研发的产品更是成功地应用到中科院成都光电研究所的项目中。积以跬步,终至千里,相信努力了,终有一天会收获。

科研慎微。记得第一次参与科研时,那是大三的暑假,我进入通信抗干扰技术国家级重点实验室,师从凌翔教授,参与了国家重大专项《新一代宽带无线通信网》子课题"面向 LTE - A 的终端软基带技术"。经过半年的辛苦努力,在年底北京中科院微电子所召开的项目总结会上,作为唯一本科生的我和一群硕士博士一起讨论项目进展,心里是满满的自豪。现在作为研一的我,遇到难以搞定的难题时,再也不像以前那样谨小慎微,以前打下的底子,是后面奋斗的自信的源泉。

　　工作尽责。一个人要注重的是全面的发展，而一个人的全面成长，我以为离不开学生工作的锻炼，学生工作不仅锻炼一个人的管理协调能力，更是对一个人的性格，为人处事的哲学等方面的磨炼。我先后担任电子科技大学通信科协组织部部长，电子科技大学通信科协副会长，电子科技大学电子设计训练中心助教等工作，在服务学生的过程中，自己的能力也进一步得到提高。

　　生活多姿。在大学里，生活的缤纷多彩才是本质。不管你有多忙，你总可以挤出时间去做你真正喜欢的事情。我酷爱摄影，川内许多地方都曾留有我的足迹。九寨、黄龙、四姑娘山、牛背山、海螺沟、燕子沟、木格措等旅游地。我总是相信，端起相机，我才能发现生活美好的本质。我也喜欢骑行、长跑、徒步、羽毛球，等等。在大学里，时间确实不够用，但是我总是能有办法挤出时间来，让生活变得丰富多彩。

　　回首从高中到大学，再到研究生一年级的这七年半时光，我觉得有一种精神成就了现在的我，那就是虔诚。我虔诚地对待每一个人与每一件事，哪怕有时候看起来微不足道的事情，我都会认真努力地去把它做好。而这种精神，养成于高中时代的我，是我的母校，我的班级成就了我的今天。感谢母校长赤中学，感谢辛勤付出的老师们，有你们，长赤中学必定越办越好！

路在脚下

代斌

【个人简介】代斌,男,中共党员,1993 年出生于南江县长赤镇花园村,2012 年毕业于南江县长赤中学,2013 年就读于西安交通大学能源与动力工程学院新能源科学与工程系。在校期间,积极参加并组织学校、书院的各项活动,多次被评为优秀学生干部。

【求学经历】

2009 年 6 月,我以优异的成绩从天池九义校毕业。经过反复考虑后,同年 9 月我进入长赤中学学习,师从秦发庭老师。在长赤中学学习的三年是我人生中最宝贵的时光,在这里我结识了很多终生的良师益友,我学到了将会改变我命运的宝贵知识。在各科老师的谆谆教诲和帮助下,经过 3 年的努力拼搏,我于 2012 年 6 月以较为优秀的成绩从长赤中学毕业。在填报志愿时,我选填了贫困专项计划,最后被调剂到华中科大的药学专业。由于我一直不太喜欢医学,并且被贫困专项计划录取的学生进入大学后不能转专业,于是我放弃了去华中科大的机会,毅然而然地决定复习一年。经过一年的努力拼搏后,我考上了西安交通大学,被西安交通大学能动学院新能源科学与工程专业录取。2013 年 9 月,我进入西安交通大学学习,进入大学校园后,我积极参与丰富多彩的校园生活。2013 年 10 月,我被选举为新能源 31 班班长,一年后我所在的班级被评为先进班集体,我因此被评为优秀学生干部。2014 年 9 月,我联合其他年级的学生筹划并组织了西安交通大学能动学院首届"新能源杯"运动会,参会人数达到 200 人左右,此次运动会得到了学院相关领导的支持和肯定。

以下是我个人的一些经验分享:

(1)社团活动不在量而在质。进入大学后,懵懵懂懂的新面孔都会被各式各样的学生社团和组织吸引,尤其是在军训期间,各个学生社团和组织都会在校园各个地点摆摊招新。很多新生都不知道自己应该如何选择社团或组织,也不知自己应该参加几个社团或组织。于我而言,在刚刚进入大学时,我也有过同样的迷茫和不解,经过几年的校园生活,我把我的经验总结如下,希望对学弟学妹有所裨益。首先,你要学会区别学生组织和社团,这是两类不同的学生团体,前者趋向于为学生服务,直接隶属于学校团委,行政性质较为浓厚;后者趋向于个人兴趣,由一些有共同兴趣爱好的同学组成,内部氛围相对轻松。其次,在确定参加学生社团或组织的数量上,我的建议是参加一个学生组织和一个学生社团,这样能充分利用好时间。最后,在参加学生组织或社团后,建议学弟学妹一定要踏踏实实地做好每一件小事,比如准时参加每次例会,积极主动承担组织各项活动等。记住一句话:只有真正付出后才会有所收获!

(2)学习一直是主要任务。大学绝对不是吃喝玩乐的天堂,大学的学习任务比高中更多更难。进入大学后,每学期大概要学习六七门课程,并且这些课程的难度远远大于高中课程,除此之外,大学老师讲课很快,拓展的内容很多,要是上课不认真听讲,根本跟不上老师的节奏。有很多同学刚刚进入大学后,由于没有调整好学习心态,导致大一第一学期期末考试就挂科,这是一件很恐怖的事情,会极大地影响后面的大学生活。对于大学学习而言,我的建议是:第一,刚刚进入大学后要调整好自己的心态,把高考结束后玩耍的心态摆正,继续投入到学习中,大学第一学期的学习状态对于大学四年都很重要;第二,在学习和校园活动的取舍中,我建议学弟学妹要寻找一个适合自己的平衡点,在参加活动锻炼自己的同时不能以牺牲学习为代价。总之,大学期间的学习成绩依然十分重要,学习成绩依然是学年评价最重要的一项。

(3)不随波逐流。大学是丰富多彩的,在这里,你的室友、同学都来自五湖四海,每一个人都有不同性格和爱好,每一个人在刚刚进入大学时或许都对大学四年有着不同的憧憬和梦想,所以每一个人都有自己的特殊之处,如果你的爱好或目标与别人不同,你没有必要东施效颦,模仿他人,很有可能你的与众不同会促成你的成功和收获。

求知若饥,虚心若愚,做最好的自己!

向着希望前行

马和平

马和平

【个人简介】马和平,男,1999 年 10 出生于南江县长赤镇中魁村,2017 年高中毕业于南江县长赤中学,被西安交通大学录取。

【求学经历】

回望过去:我的中学生活过的忙碌却充实,整体上呈上升。初三升高一时,以全校第 4 的成绩进入长赤中学。但刚进入时,我在班上成绩是30 名左右,年级 90 名左右。当时和大多数学弟妹们一样,承受不了这么大的落差,又时常学习跟不上。但出现问题就要努力去解决,我当时的方法就是端正态度,认真学习。想想当时上政治课都在记笔记,现在都觉得自己傻乎乎的。但可能就是这种憨劲使我在高中三年不管遇到什么,都努力向前。对于高三,学业任务重、压力大也是正常的。关键在于自我调节,高三下学期,保持一定的题量是必须的,但不要盲目刷题。要及时总结做过题的相同点和不同点,同时,考试频率也非常高,但就是在你一次次关注自己成绩有没有上升时,高三一晃即逝。

立足当下：迷茫与挑战并存

刚刚从紧张的高三脱身，怀揣着对大学生活的憧憬，激动与紧张地跨入大学门，在这里，突然发现高中老师也是骗人的，读大学只是从一个强制的地狱到了另一个开放的地狱。在这里，优秀的人才比比皆是，各项才能样样精通。对于当下，迷茫着要不要转专业，要转很难，不转，又不是自己喜欢的专业。但在这，各种组织各种社团向我敞开，对于内向的我，在学习之余加入社团并融入他们又是挑战。但我一定会坚守自己的本心，迎难而上，克服困难，成就辉煌。

展望未来：漫长而艰辛

刚开学，无数活动。每次坐在讲座的听众席上，漫长与等待。到现在，学校已经开了三次开学典礼(学校，学院，医学部)，与会的各位学校领导和教授都极力鼓励我们不管学哪个专业，都要攻读研究生。在社会如此大的竞争力下才有坚实的基石。而对于我，不管是大一下转成了专业或者继续留在医学部。4年或者5年之后，我依然会攻读学位，并当学业有成时，回到四川，为建设家乡出力。放眼望去，漫长而艰辛，但我会一直保持初心，迎难而上。

学弟学妹们，当你们看到这篇文章。你可能还在为成绩不理想而迷茫,我想告诉你们:认真是一切问题的克星,高中三年是人生最充实的时间,你们需要做的就是努力并坚持,让理想之花盛开在长赤中学。

最后,在教师节来临之际,我在此向学校领导和陪伴我三年的所有老师说声:谢谢你们! 你们辛苦了!

九分耕耘,必有收获

唐坤林

唐坤林,男,共青团员,于 1996 年 8 月出生于南江县天池乡罗圈村二社,2014 年毕业于长赤中学,现就读于吉林大学。

【求学经历】

高中真的很微妙,深入其中你会备受煎熬,但同时你会感觉到充实,而当你坐在敞亮的大学阶梯教室时,你会不自觉地怀念那段充实刺激的生活。

一切都要从 2011 年 9 月份说起。当我以自认为优秀的成绩跨入高中时,我却遭受了难以想象的打击。我极不适应当时的高中生活,总是要在早课时睡觉。而且,我对地理天生绝缘,前几次考试,我由 11 名倒退到 20 名甚至 30 多名。可以说,我在网络班是"默默无闻"的。好几次考试,我的名次都与第一名相差 100 多分,对这样一个学生谁都不会抱任何幻想。不过,我仍然很乐观,我坚信总有一天我会拿到第一名。正是由于这股子乐观劲儿,让我有了坚持下去的力量。

那一年,全班只有我一个人坚持背一天一张的英语单词。让我尤为自豪的是,为了与班上一位英语很棒的同学竞争,我会每天晚自习结束后,一个人跑到电线杆下背单词。尽管这在当时没有起多大的作用,但这的确大大增强了我的信心,对于学习来说,自信很重要。另外,很少有同学问语文题,我会天天缠着老师问语文题,例如"辩"与"辨"的区别等。我想说:成功＝努力＋正确的方法。即使再努力,方法不适,上帝也无能为力;即使方法对头,不努力,短暂的成功也会迟早把你推向深渊。

我有时想,为什么有的人日夜不息,却鲜有收获,有的人日夜少学却成绩优异。而后,这怪异的现象一直延续到高二下学期。不过在高三,一切都会向你的耕耘看齐的,这不仅包括你的知识,还有对成绩好坏的平静心态。上帝会垂青于你,但不会一直垂青于你。一份耕耘,未必收获;九份耕耘,必有收获。

高二的确是一个关键阶段,高考60%的知识汇结于此,比如电学实验、等效平衡、减数分裂、神经电位等。高三是炼狱,我们是砂石,在高考那一天,是金子就会发亮。

高三生活既充实又紧张。我的方法时好时坏,至今说来,我并不觉得它很累,也许我已经进入了境界。

考试很频繁,有周考、月考、三次模拟考试,等等。我在高三也学会了何为坚强,很多知识也得到弥补,例如等效平衡、减数平衡、数学证明题的套路、作文妙招。

现在我以零乱的笔调回忆完了高中生活的五味,却还有种别样的情感交织在心间,而这难以言表。三年虽短,却使我终生受用。有天晚上,我睡在大学的寝室里,梦回长赤中学,那足球场,那天边云彩,那高耸大楼,那不见边的题海,那敬业的老师,还有那远方的亲朋好友,此时,你们在何方?

春色正好　太阳正晴

袁震宇

【个人简介】袁震宇,男,2014 年通过高校专项计划进入吉林大学,2015 年 9 月参军入伍,现继续就读于吉林大学。

【求学经历】

亲爱的学弟学妹们,我不知道,每天清晨从园山寨倾泻下的阳光,洒在你正在朗读的文字上时,会不会觉得有些晃眼;深夜山坡上的几声虫鸣,会不会打断你良久的冥思。我不知道,当你扫起昨夜被风吹落满地的桂花时,会不会发出一声叹息;当你踩过一个个水洼,或是驻足目睹细雨中的一池碧荷,会不会久久地遐想。

你现在拥有人生真正单纯而又美好的年华,脚踏一片安静、质朴的土地,真心羡慕和祝贺你!我知道老师和家长对你管理甚严,又要求甚高,因此你只得专心学习,远离纷扰。你不能时常使用手机和电脑,因此也就远离网络和游戏。但你不必难过和抱怨,因为过几年你会明白,这的确有些无聊。而且即使将来你从事计算机行业,也深知专业成就和当初让你疯狂的网络并无多大关系。更庆幸大巴山这座天然屏障,不仅阻隔了北境的寒流,让你享受和煦的四季。更是阻挡了远方的潮流和呐喊,保护了你年少的童真。

在学业上,你理所当然地用功。一方面很多人比较全面的知识基础就源于中学时代,尤其当今社会行业越分越细,再加上如果从事某一具体行业的人没有好的读书习惯,是很难再拓展专业领域以外的知识天地的。另一方面你也要通过高考考出好的成绩,选择优秀的高校,接受更优质的教育,了却父母、老师和自己的心愿,这岂不是一举两得的事吗?将来可不要有冯骥才的惋惜:"人近中年,常常懊悔青年时由于贪玩或不明事理,滥用了许多珍贵时光。"

在中学时代,你的学习任务不轻,但依然有许多闲暇时间。至于闲暇时光,朱光潜曾说过:"你的天才也许与学校所有功课都不相近,自己在课外研究,去发现自己性之所近的学问。"他还说过:"尤其要紧的是养成读书习惯,是在学问中寻出一种兴趣。你如果没有一种正常的嗜好,没有一种闲暇时可以寄托你心神的东西,将来离开学校去做事,说不定要被恶习惯引诱……你长大一岁,感觉兴味的敏锐力便迟钝一分……兴趣要在青年时设法培养,过了正常时节,便会萎谢。"余秋雨也说过:"读书最大的功用是摆脱平庸。一个人倘若在青年时代就沦为平庸,很可能一生也无法摆脱。"我以前也十分贪玩。真正知道要读书是源于高二,教我们语文的何文扬老师为鼓励我们读书,很辛苦从图书馆借来几本书让我们轮流传阅,并写读书笔记。当时我读到的是余秋雨的《文化苦旅》,才刚读几行字,便极为震撼。在不久后的语文考试中,不知不觉模仿《文化苦旅》写作文,后来老师下批注为:请不要套用余老师的文字。被同学们大笑一番。此后偶尔溜进网吧,也以观看余秋雨的讲座为主。后来又抽空读了他不少著作,使我了解到了更辽阔的时空,也对远方的伟大产生了兴趣。关于读书,你们都应当多听听大师们的建议。当然我们并不是人人都会成为大师,但我们不应该从经典中寻找趣味,提升修养,领略人类最高智慧的魅力吗?

我是2014年在班主任夏老师的帮助和支持下考入吉林大学的。上大学以后,随着认识的人多了,见的世面广了,自己的思考也就更多了。我觉得人的一生应当心存善意,热爱生活也要阅历丰富,有所建树,方是不虚此行。更何况我本身对军营生活充满向往,对青春有着奉献的冲动。2015年9月,我参军入伍,去了山西,成为一名消防兵。两年时间,我见过很多的人和事,也看到自己如何激情澎湃,又如何不甘现状、担忧未来。在这片陌生的土地上,来自全国各地的青年用他们的鲜血和生命去抵抗灾难,挽救生命。在这片陌生的土地上,我看到曾经羞涩的我也能站在近千人的会场激情演讲,我看到曾经不善体育的我也能成为体能尖子,我也看到许多平凡人的生活苦恼和闪光的品质。后来复学转入新的专业,也能用一个多月的时间完成一学期的学业。我觉得这一切都源于中学时老师塞给我的那本《文化苦旅》所受到的启发:读万卷书,行万里路。

离开长赤中学四年,我还清晰地记得早晨的惺忪、下午的瞌睡、黄昏的打闹。我记得一本本笔记,一摞摞习题,一次次考试以及深夜孤独的月亮和昏黄的路灯。我也记得老师辛勤的工作、善意的目光、细心的照顾以及炽热的期待。

或许我们不知道将来要翻过多少的山，趟过多少的水，经历多少悲欢离合。但我们清楚只要明天山顶那轮朝阳升起，我们便在一片光明之中。

谨以此篇与你我共勉！

成长的苦与乐

余步高

【个人简介】余步高，男，汉族，团员，出生于 1996 年，家在四川省南江县长赤镇中奎村四社，2014 年高中毕业于长赤中学，现就读于吉林大学护理学专业。

【人生格言】天道酬勤

知识改变命运，勤奋创造未来

余步高

【求学经历】

蓦然回首，发现我们已渐渐长大，不知什么时候起，18 岁这个词语已时常挂在嘴边。曾几何时，我认为 18 岁是那么神圣，只知道那时我们长大了，可以飞得更高更远。而此时，当我真正要面对它的时候，突然感到一种莫名的手足无措。我担心自己是否能够充分理解 18 岁这一平凡数字所蕴藏的丰富内涵，我明白 18 岁意味着责任。也许成长本身就是一种责任吧！

高中三年，不知不觉中我度过 16 岁的花季，经历了 17 岁的雨季，走向 18 岁的年纪。曾经在迷茫中叹息，又在平静中寻找自己，在迷茫与平静中我长大了。于是,开始习惯用自己的大脑去思考周围的一切,也许这种思考是肤浅的,但我们这一群骄傲而不盲从的孩子,渴望用理智与成熟告别曾经的年少懵懂。

18岁是一个结束,也是一个开始。在得到与失去的交替中,在追求与放弃的转换之间,我感受着快乐,也经历着痛苦。几乎所有的痛苦都源于对梦想的追逐。当我经历了无数痛苦实现自己的梦想后,总算体味了欢乐。这才明白,痛苦常常孕育着快乐的种子。成长本不是一件轻松的事,痛苦也不一定是坏事。我知道,当现实无法改变时,我要适时地改变自己,但是我还总爱同现实讨价还价,因为我深深地爱着这个世界,这个幸福、温暖,爱与痛苦交织的世界。在成长的过程中,我学会了发现、学会了珍惜,对于我心中那些解不开的小小的结,我学会了淡淡一笑,去欣赏它的缺憾美。因为我知道,只要洒脱地转过身,就能寻找到新的美丽的风景。

成长是一种痛,但我不愿让它留下伤痕。成长是一种蜕变,经历了磨难才能破茧而出。

在成长的路上往往是孤独的,要学会在没有人喝彩的时候自己给自己加油。不用畏惧,不用担心,勇敢、坦然地面对成长赤中学遇到的一切给自己鼓励,给自己信念,给自己快乐。在成长的旅程中,我需要的是从容的经历,平静的感知,勇敢地面对。

站在成人的门槛上,眼前或许仍然是一张张稚嫩的脸。年轻而明亮的眼睛,透露出那么一丝愤世嫉俗,寂寞的笑容里潜藏着淡淡的忧伤。也许成长是这样:忧伤和着欢喜,失落和着欣慰,喧哗和着宁静。

曾经苦涩的日子,在回忆的画面里,已酿成芬芳。每当夜幕迈着轻盈的脚步姗姗而来,白昼的繁华和喧闹渐渐销声匿迹,在朦胧和宁静的夜晚,我常常陷入无边的回忆之中。在回忆中,那曾经许下的愿望和美丽的诺言,那执着的坚持与不懈的努力,都化为幸福的叶片,被我精心收藏。

是的,成长记录着痛苦,也镌刻下欢乐,沿着成长的足迹,一步步,我走向成熟,走向未来。

圆梦高三

吴浩然

吴浩然

【个人简介】吴浩然,男,长赤中学高 2014 届毕业生,现就读于吉林大学。

【求学经历】

花开梦里

静坐电脑前,轻柔的音乐引领我思绪飞扬,外面孤月高挂,稀稀疏疏的星星垂于夜幕之上,地上白雪皑皑,肃然而又凄美,如梦。我的高中,何尝又不是一个苦涩却又美妙的梦,梦中风雨兼程。

灯花展瓣,在黄白相叠繁多的纸上映出了鲜艳。傍晚,陪伴我的只有灯光映出的影子,李白的"对影成三人"对于我来说都是那么的温馨。学习本就是一个人的旅行,途中会邂逅各式的行人。我高中印象中最深刻的便是一场梦,一场我为自己营造的苦涩却耐人寻味的美梦,伴我在高中三年同行。

谁拉你走向平庸

有这样一个实验：一位长跑运动员参加一个五人小组的比赛，赛前教练对他说："据我了解，其他四人的实力并不如你。"于是，这名运动员轻松的跑了第一名。后来教练又让他参加了一个十人小组比赛，教练把平时其他人的成绩拿给他看，他发现别人的成绩并不如自己，他又轻松跑了第一名。再后来，这个运动员又参加了二十人小组比赛，教练说："你只要战胜其中的一个人，你就能取得胜利。"结果，比赛中他紧跟着教练说的那个运动员，并在最后冲刺时，又取得了第一名。

后来，换了一个地方比赛，赛前，关于其他运动员的情况，教练并没和他沟通过，在五人小组的比赛中，他勉强拿了第一名，后来十人小组的比赛中他滑到了第二名，二十人的比赛中，他仅仅拿了第五名。

同样在学习中，不会永远有人告诉我们，竞争对手的实力和能力。于是面对着周围越来越多的人，我们开始茫然不知所措，或者妄自菲薄，主动地把自己"安排"到一个较低的位置上。这也许是学习的路上，许多人都要走的一条路。我却是一直把自己当作强者，我营造的是我的——不屈不挠勇往直前的强者梦。

易走的是下坡路

学习中,所谓的强者不是靠梦而成。没有星星的夜晚,唯有一轮暗月黑的深沉,有多少人在入睡做着自欺欺人的梦。可是,同样有人执笔夜战,在实行着他的强者梦。好做之梦,却也是不易实现;好走之路,却也可能是下坡之路。高中的学习并非一马平川,并不能轻松前行。许多时候,正是由于我们放弃了努力,便白白地错失了成功的良机。结果便是半途而废,无功而返。所以,行舟于逆水之中的我们是否会贪一时之疲,随波逐流,最终伴上流之水,行至下流之尾?

梦终将醒

晨起晨睡的时候便是高三,剑欲出鞘的时候也是高三。我习惯了在天朦胧的时候起床,习惯了带着惺忪的睡眼洗脸、刷牙,习惯了不吃早餐就带着课本直奔学校,边走着边咒骂着可恶的教育制度并计算着距离星期天的时间,满脑子的睡意我只想让自己在铃声响起的那一刻睡去,把书堆得高高的,假装低着头看书,却在头放在书上的一刹那安然睡去。即使是冬天,也感觉睡觉是温暖的。醒来后,我看着高考的倒计时,无奈地用冷水洗把脸,然后看看课程表上的数学、英语、物理,就是没有我喜欢的体育和电脑,计划着在语文课小憩一会、计划着在英语课上完成未完成的物理作业。一切的一切都是为了我那破茧成蝶的梦。

圆梦

终于，我如愿达到重本线，现在在大学里过着充实的生活。窗外仍是无穷无尽的夜，地上也是一片银装素裹的北方景色，远处依旧是一群挑灯夜战的学子。我不时地回想高三的日子，心中有种精神难以摒弃，有种情感油然而生，高中不是人生前进的终点，但是高中培养的习惯与精神都将伴我们走向人生巅峰。劝君惜取少年时，记住每一个不曾起舞的日子，都是对以往生命的辜负。

如何遇见奇迹的自己

李小斌

李小斌

【个人简介】李小斌,男,长赤中学高 2015 届毕业生,现就读于吉林大学。

【求学经历】

生活不能一帆风顺,成功永远不可能主动为你敲门。在这一条充满挫折的人生路上,相信奇迹,就能创造奇迹。

高中入学,我的成绩在全班排名 49,虽然是所谓的特优班,但对于高考而言,我的成绩就相当于是在本科线晃动。就是这样一个普通的我,当时就想进一个至少是"985 工程"的学校,"985"在我看来就是一个多么神圣的数字。虽然在我们学校,能进入"985 工程"学校的人是屈指可数的,但我依旧相信我就是一个奇迹。

对于一个为高考奋斗的人,偏科就是成功路上最大的一道门槛,而我却偏对占据巨大分值的英语充满抵触。高一上学期,我在英语课上睡觉、玩手机、聊天。甚至老师就在我的面前,我依旧如此,我也不知道当时哪来的这些勇气。第一次考试下来,结果可想而知,英语 33 分。懒惰让人迷茫,然而现实会让你认清自己。从总成绩来看,我在全班排到了三十多名。这让我意识到,只有将英语成绩提高,才有可能达到自己的理想目标。

接下来的一学期,我们换了班主任,新的班主任刚接手我们班的时候,就认识到了我的问题。对于我这种成绩,提高英语最重要的就是要提高词汇量,于是班主任要求我每天做一篇英语阅读亲自交给他看,然后我将每次做阅读遇到的陌生单词都抄在一个小本子上,就这样坚持到了将近高考,我的小本子上写了约 2 500 个单词,这个红色的小本子我至今保存,它是见证我奋斗的一份宝贵的记忆。

最虐人的事情莫过于记单词,忘了记,记了又忘。在我最疯狂的时候,必修教材一本书大约 500 个单词,晚上下自习,在寝室苦记,几乎每天晚上都是枕着单词书睡着了。大约三四天,就搞定一本书的单词,然后叫一个同学合作听写单词。就这样,我在 20 天的时间里,记了必修课本的约 2 500 个单词。

相信奇迹,便会遇见奇迹。你相信未来明亮,则前路一定有光。在你创造奇迹前,你会做很多事。其中会有你喜欢的事,乐意去做的事,当然,也会有你不愿意去做的,乃至厌倦的事,可是你要学会接受并打心底里喜欢上他们。高昂饱满的心情是你大胆地闯,大胆地试,放手去干的自我鼓舞。它会化作幸福,带给你快乐,也会为你催生前进的动力。别哭泣、别垂头丧气,竖起大拇指放声大笑,世界很美好。

"有一种天才,只从坚定不移的信念中诞生。"巨星乔丹所言不虚,旅途漫漫,人生不可能是一条简单的直线。但无论是左右逢源、平步青云还是风吹雨打、困顿难行,只要不畏挫折的羁绊,坚持昂首向前,就能实现梦想,创造奇迹!

时间会教给人们很多东西

【个人简介】陈春林，男，高 2016 届 6 班学生，以优异的成绩考入吉林大学。

【求学经历】

时间会教给人们很多东西，以前如果有人对我说"我们往往只有当事物和人要失去时才懂得其弥足珍贵"这类话语时，我一定会以为这个人太做作，而今我才懂得那不是做作，而是内心最贴切的描述。

一位哲人说的深刻："人对母校，感情是难以割断的，而且会越来越萦绕在意识的深处，形成不断的梦境。"虽然才离开母校仅仅四个月，但由于时间与地域的距离加深了我对母校的那份眷念，如同远游的游子对母亲的思念一般，萦绕心头。如果要把这份感情用一个词语细化，我想那便是"感恩"吧！当我三年前的九月第一次站在我亲爱的母校——南江县长赤中学门口时（下面简称长赤中学），我傻傻地站在那里念着主教学楼上的标语。如今，站在远在北方的吉林大学的校门，却万般怀恋那曾站在长赤中学校门口傻傻的自己，突然发现那已是三年前的时光，第一次在远方的乡愁，就这样笼罩在对母校的思念中。

我现在站在吉大的土地思念长赤中学，那是因为长赤中学是我梦想播撒的地方，而吉大是我梦想开始的地方。

长赤中学开启了我的梦想之路。高一，在我徘徊在文理分科的十字路口时,老师根据我的课程优势以及兴趣,分析了我学文或者学理的优势和不足,这给了我很理性的选择参考,也为我的吉大梦洒下了种子;高二,针对性的课程教授,难免会遇到挫折,科任老师总会在我沉入深渊时,为我点亮一盏明灯;高三,繁重的学习任务、高考这个词与生俱来的压力都成为我学习的阻碍,不仅仅是对于我,对于其他高三的学子也是一样。学校的领导,针对这些情况,开展了教师一对一问题辅导,每天下午放学后都会有不同科目的老师在办公室为我们解答问题,不仅仅可以询问本班教课老师,还要以询问其他班的老师,只要能为同学们解答问题的,都可以去询问。此外,很多任课老师还会想一些愉悦的教学方式来缓解我们的压力并提高我们的课堂兴趣。这个夏天的六月,就在高考前夕,老师们还很贴心地为我们办理好我们的住宿和餐饮事宜,坐在考场的我们奋笔疾书,老师们则站在考场外焦急等待,当我们走出考场时,他们却绝口不提考试的事,而是反复询问身体有没有不适,直到英语考试铃声结束的那一秒。

回望高中三年,我学到的不仅仅是书本上的知识,还有那成长的滋味。知道了除了父母,还有一群叫作老师的人会为我们无私奉献;知道了原来自己远比想象中的强大。

谢谢长赤中学,为我撒下了梦想的种子;谢谢老师和领导,在我成长的路上为我点亮一盏前行的明灯;感谢长赤中学的花花草草,见证了我的青春时光。

我很荣幸,能够在长赤中学度过自己的高中年华。而今,我在吉大的土地,等着长赤中学的学弟学妹,带着对长赤中学的感恩,对梦想的执着来到吉大。

长赤中学,梦初升的地方

岳佳

【个人简介】岳佳,2016 年高考考入吉林大学。

【求学经历】

"我挥一挥衣袖,不带走一片云彩。"遥想四年前的夏天,我第一次来到长赤中学,那时我还是一个稚气未脱、一脸茫然的青涩少年,如今已是吉林大学一名意气风发的大二学生了。忆起往昔,我的思绪仿佛又回到了四年前,那个少年正缓缓向我走来。

我是一个孤独的人。父母离异让我失去了家的感觉,也造成了我内向孤僻的性格。那时我对这个社会充满了敌意,我感觉自己很无助。每天夜里蜷缩在床上,久久不能入睡,孤独一步一步地侵蚀着我,黑暗要把我淹没。直到一次考试,在那次的语文考试中,我将我内心的想法如洪水一般地宣泄在作文当中。我好像着了魔一般,仿佛要走到颓废的深渊,这时,一只强有力的手将我拉住,将黑暗驱散。

考完试后,我早就做好了接受批评的准备。晚自习的时候,班主任何老师走到我的面前,轻声地把我叫了出去。我没有犹豫,反正我已经做好了挨批的准备。我走出教室,一只温暖厚实的手掌轻抚着我的脸庞,我的内心犹如坚冰融化,感觉万缕阳光照耀在我的心上,我从未有过这样的安全感,此刻,我只想静静感受这温暖。这一次,没有批评,只有暖暖的关怀。我的老师们不厌其烦地为我进行疏导,以前,孤独折磨的我太久、太深,把我变得像一个怪物,此刻,我觉得孤独并不可怕,老师、同学们都陪在我的身边,我一点也不孤独。那之后,我也有如迷途的羔羊找到了回家的方向,变得不再那么的悲观。长赤中学,给人温暖,催人上进。

高中的生活里,学习并不是全部,比起学习,我认为心态更加重要。如果没有那一次老师的开导,我真的不敢想象我今后的命运。长赤中学的老师们,并不是一味地要求你学习,其实他们最关心的还是我们内心的想法,心无杂念,才能更有效率地学习。以前我总是以一颗悲观的心来面对学习,所以我的学习总是得不到进步。当我以一颗乐观的心来面对学习时,感觉没费多大力气,学习就进步了许多。一次开学考试中,我的英语成了全班唯一及格的人,老师就认命我当英语科代表。原本我对英语早已失去了希望,但是老师的话,我也不好推辞,就做了英语科代表。自那之后,所有的英语方面的事情都是我来做,老师也对我有了特别的关心,什么作业都要先检查我的。我也没有办法,只能硬着头皮把每一项作业都认真地完成。开始,我还只是被动地去做英语作业,可随着时间的推移,我发现英语其实也不是那么的难学,便开始主动地做起了英语作业,还抽出时间来记英语单词。以后的考试中,我的英语成绩一次比一次好,以前我还不及格,现在都能上一百二十多分。这一切都是心态问题,只要慢慢接受了一件事情,你就会觉得它不是那么的枯燥无味,做这件事并不是为了完成任务，而是为了享受其中的乐趣。古之成大事者，必先诛心。良好的心态是高中学习和生活中所不可缺少的。

经过高中三年的打磨，我终于步入了大学的校门。在大学的学习和生活中，我深切地体会到秦老师说的一句话："决定你一生的性格所向，不是其他任何时期，而是高中时代。"的确，来自不同高中的学生，有着不同的风采，而这一风采是一种从骨子里透出来的独特气质，别人模仿不来。我也不悔选择长赤中学，在这里我学会了乐观向上、艰苦奋斗的精神。

在大学中，也是这高中的习惯指示着我的学习和生活。

长赤中学给了我希望与力量，像一股清冽的泉水。受到挫折时，我在一旁无助地前行，一跤摔得坐在地上直叫痛，而母校无处不是关怀，一只援助之手把我拉起来，像把我从深渊中救出来。于是乎，安慰之声从四面八方传来："不要伤心，下次不会这样的。"仿佛泉水注入我的心湖，一洗我所有的痛苦。母校是清澈透明而沁人心脾的湖水，滋养着她的每一位学子。

相信什么，你就会成为什么

董文川

【个人简介】董文川，男，出生于 1999 年。来自南江县长赤镇青杠村，于 2017 年高考考入吉林大学。

【求学经历】

回望过去，感慨万千。我于 2014 年 9 月以当时学校第五名的成绩从长赤镇九义校进入长赤中学。2014 年是长赤中学第一次进行自主招生，而我也是通过这次自主招生进入了长赤中学。当时听到被长赤中学录取后我心里是感到非常幸运的，因为当时我们初中学校被录取的人并不多，虽然我很自信在初中学校的排名，但是每次想起要跟当时区中的大神们同台竞争我就感到一阵阵心虚。因为我在镇中时就听说过区中学生有多么厉害，所以我在那次考试的时候对自己能通过信心并不大。

踏进高中，全是奋斗

自初中开始，英语就一直是我最差的一门学科，在刚入高中的时候我就疑惑过自己要不要努力地再尝试去学下英语。因为初中的时候我就一直没怎么学过英语但是也取得了不错的成绩，所以我在高中才开始的时候就曾经试过不学英语，努力地学习其他的那几门学科。然而在高一的第一次月考就给了我一个惨痛的教训,这次考试中我英语只有 41 分,年级排名也掉到了 80 多名。在这之后我就开始了又一次对英语攻关,从开始的 40 多分到高三的 90 多分,这其中的艰辛真是数不胜数。在这其中我比较幸运的是遇到了舒老师,因为正是在他的帮助下我的英语才会有所进步,而且在今年的高考中我取得了有史以来英语最高的一次分数 105 分。也许对于大多数人来说 105 分只是一个很简单的分数,但是对我来说却是一个新的高度,希望各位英语暂时不好的同学不要对英语失去希望,要相信自己、相信老师,相信自己能在高考中取得有史以来最好的成绩。

步入大学,全是迷茫。现在我来到了吉林大学,吉大是国家"双一流""221 工程""985 工程"重点建设的优秀大学。在这里我一定要努力地学习,在以后的四年大学中努力地提高自我,完善自我。参加社团来开阔自己的眼界,在经过了这几天的大学课程后,我才发现了自己的无知和狭隘。在此提醒各位学弟学妹要用一切时间来充实自己,还有就是千万不要相信老师说的大学就好耍,我很负责任地告诉你们大学其实比高中更辛苦。要努力使自己成为一个对社会有用的人,不辜负父母老师的希望。在听过导员和老师的说法后我了解到了现在考研并不是遥不可及,我相信以现在为起点,一定可以实现我自己的目标。

最后祝愿老师们身体健康,万事如意。

走在路上

李林杰

【个人简介】李林杰，2017 届毕业生，初高中曾就读于四川省南江县长赤中学，现就读于吉林大学。

【求学经历】

我出生在一个农村家庭，十几年也生活学习在农村，很幸运能够从小体验到与自然亲密接触的感觉，我认为这是城里孩子的遗憾。因为物质和知识我们都可以有机会获得，而与自然的长久相处是我们农村孩子的独特之处。我家里的家境并不是很好，家中三人上学，负担挺大，父母常年在外务工，当了八九年的留守儿童。好在我们都懂得家里的不容易，三个都没有青春叛逆，都还是挺懂事的。

我是初中就来到长赤中学读书的，当时我姐在长赤中学读高中，我读初中，很感激我姐对我的照顾！当时来到长赤中学我是很孤独很迷茫的，因为离家远，两周回去一次，所以每次不回家的周末就难熬了，偌大的三楼宿舍就一两间宿舍有人，我们宿舍就我一人留守，黑暗与孤独不断地侵扰着我的心神。到了周末，白天就出去转长赤周边的山，晚上就早早睡觉，有时开着灯睡，有时睡不着就看会儿书，那时候我可没有啥手机，更别提打游戏了。不过那时没想到去教室学习倒是我的过错，因为那时不太注意学习。

初中的生活是最快乐的，大家一起玩，一起学习，可以从一楼追到三楼又追到操场，也可以一起在寝室里预习讨论问题，反正初中是最纯真的学生时代，是值得回忆的。很感激初中谭晓玲老师的栽培，让我当上了班长，锻炼了很多能力，总结到了很多经验，树立了眼里有人没身份的交友原则，培养了做事干脆利落的作风，懂得了虚心请教的谦和有礼。初三的学习和生活稍微有点紧张，不过我通过自主招生考试后，就来到了长赤中学的高中，开始了一段不一样的生活。

长赤中学的老师和领导对学生学习与生活还是很看重的，高中时我们班就很受重视，尤其是当我们成绩有些下滑时，班主任姜老师和学校领导都很着急，努力寻找问题、解决问题。我觉得正是在这样一个大背景下，我才能度过一个难忘的高中生活，迈入大学的校门。

高一没太怎么注意，也就按着老师的要求去做，不熬夜不刷题，就是周末做作业，还记得那时候每周有个语文小组活动，挺好玩的，感觉课堂很轻松。不过现在想来有些后怕，因为高一是打基础，不能马虎，要理解细致到位，深深地印在脑海里，这样才能一步步走得稳、走得远。

其实有些事情从高一就坚持下去，到后来绝对大有益处。就比如锻炼身体，我不怎么注意，不爱篮球，不爱足球，也不爱跑步，所以背了三年的身体差的"锅"！还有就是学习上的一些习惯，好的方法和经验真的要总结和实践才能体会！

高二是最忙最重要的,我觉得自己没做好,只完成了老师的要求,没有自己去系统地记忆和练习,更不用说自己买题坚持做了,现在想来应该多与老师交流学习状况。到了高三就很紧张了,知道高考的紧迫和重要,每天都想挤出更多时间来刷题背书。那时候把时间看得很重,早上6点起床,午休15分钟,晚上睡6个小时,吃饭也很快速,几下就解决了。

到了高三后期我的状态就有些变化了,考试太多太密集,刷题刷的也没兴趣了,甚至不是很重视成绩了。那段时间,班主任姜老师找了我很多次,看着我每次的考试成绩都在下滑,他心里很着急。我听从他的意见,每次都总结失败经验,"磨刀用刀"时就暗自提醒自己,一段时间后有一点点好转,但还是没有恢复到最好的状态。那时候的状态估计影响到了我的选择,当选择高校专项的学校时没有敢选择好一点的学校,怕浪费机会,可现在想来为什么不大胆一些呢?

到了高考时,不习惯给自己找借口的我不得不吐槽朝阳宾馆的环境了,面对大街的一侧特嘈杂,现在想来都觉得那晚很难过,尤其是习惯了安静的休息环境,还真不适应那噪音。晚上心神不宁直到凌晨,早上5点多又被周边起来晨练的人吵醒,我当时那个心情无法描述!本想着自己一个人住可以更加方便自己复习,没想到给我开了这么一个玩笑,没办法,只好带着困意去拼"刺刀"了。午休时,朝阳宾馆前面的公交站发出的指示语不断地360度无死角地循环播放,搞得我辗转难眠呀!

没有人可以解决,只好自己想办法呗!数学那科我也不知道怎么就度过了。当天结束语数的考试后我就果断与同学挤地铺去了,那晚我们三个打地铺睡得特香,第二天精神好了很多,人也就有信心了。

说这么多,就是想说必须调整好自己的状态,尤其是身体状况,那是基石,还有就是自己多想办法克服问题。

再谈谈来到大学吧!吉大就不多介绍了,感兴趣的可以百度一下,不过有的内幕不是那么好,就比如这一个月的残酷军训,心塞呀!我觉得无论在高中还是在大学,学习都应是越学越谦和,因为成熟的稻子会弯腰嘛!至于其他方面的能力,在不张扬的心态下去展示自己,就能收获到自己的肯定和他人的赞赏,哪怕就是赞赏你的勇气。

大学是自己让自己忙起来,自己给自己找事情干的地方,好多选择都是自己做,所以这与高中有很大不同。多问问过来人,多想想自身能力,这是我给以后迈入大学的学弟学妹的意见。

感谢长赤中学的老师们陪伴着我三年的成长,我也很珍惜与老师们同学们之间的情意,以后虽是天南海北,但忘不了的是那段奋斗的青春记忆!愿长赤中学越办越好,愿每一个长赤中学学子在长赤中学圆梦!

砥砺前行　逐梦远方

张文生

【个人简介】张文生,男,中共党员,1994 年 1 月出生于四川省南江县红四乡,2012 年毕业于长赤中学。现就读于大连理工大学化工与环境生命学部工业催化系。在校期间,荣获各类荣誉称号及奖项 30 余项,综合成绩排名专业第四,已被保送至浙江大学攻读硕士研究生。

张文生

【求学经历】

回眸

1994 年冬天,我出生在红四乡石梁村,一个落后的村庄。从小的生活经历告诉我:只有知识才能改变命运。于是我便带着一股要走出大山,去看看外面风景的劲头,从小就刻苦学习。我初中就读于长赤中学初 2008 级 1 班,在班主任孙卫老师的悉心教导下,以优异的成绩考入长赤中学特优班,就读于高 2011 级 11 班,经过 3 年的学习,未能进入自己心仪的大学,在班主任赵祥云老师的指导下,我选择了复读,经过又一年的奋战,我以优异的成绩考入了大连理工大学。我能有现在的成绩，与我的母校——长赤中学密不可分，与自己的两位班主任、各位科任教师以及学校的领导老师的悉心教导分不开！回想起那个曾经我学习、生活过 7 年的长赤中学，心中感慨万千，昔日的场景历历在目。现在，每年回家我都要去长赤中学看看，看着日新月异的母校，心里由衷地高兴。

分享

时间犹如白驹过隙，一转眼 3 年过去了，我的本科生活也将落下帷幕，下面我将与各位学弟学妹们分享一下我的大学生活。

学习方面：目标明确，态度端正。可能很多学弟学妹会问，到了大学还用好好学习吗？不是说好考 60 分就可以的吗？我可以很负责任地告诉大家，不是！还是要努力学习才可以，因为到了大学你会发现有些时候考 60 分并不是那么容易。刚入学的时候，我基本就定下来以后读研的目标，但是由于大学学习方式的转变让我措手不及，后来我逐渐调整自己的心态，端正自己的态度，并在自己读研这个目标的指引下，踏踏实实地学习，最终综合成绩排名专业第 4，也有幸在今年的研究生推免中，被浙江大学录取。

工作方面：一丝不苟，敢于担当。我深知，大学不同于高中，不能只顾学习，需要我们全面发展，于是我积极参与各类学生社团、各学生工作，旨在通过社会工作的平台来提升自身的能力，并服务身边的同学。自 2012

年入学以来,我先后担任级队副级队长、级队党支部书记、分党校学生工作部理论研究副部长、组织部部长、振华社区团委副书记(挂职)、化环生学部自强社学习部部长、社长以及学部党委办公室助理等职。除此之外,还兼任中国移动大连分公司学校分部主席,丰富了自己的经历。

实践方面:躬身实践,砥砺前行。除了通过学生工作这个平台锻炼自身能力之外,为了增长见识,我利用寒暑假时间,先后赴大连长兴岛参与支教调研活动,先后赴中石化总部、中国石化工程建设公司、石化盈科集团、惠生工程(中国)有限公司、中国天辰工程有限公司、新奥集团、中海油天津化工设计研究院、大连化物所等企业和科研机构参观学习,并到山东京博石油化工有限公司参与实习。也有幸在 2014 年 11 月随校文化交流团前往韩国建国大学、高丽大学等高校进行交流学习,增加了自己的国际视野。

生活方面:积极乐观,感恩社会。我作为一名家庭经济困难学生,并没有因为自身的经济条件而自卑,而是以积极乐观的心度去面对生活。为了回报社会,我积极参与各类志愿服务活动,曾先后参加过 90 后先锋连、社区挂职、爱心包裹劝募、社区服务队、义务家教、义务导游、“千语千寻”志愿者、党员一帮一、第十二届全运会志愿者等活动。用自己的一份绵薄之力来感恩社会,回报他人。

【学长寄语】

亲爱的学弟学妹们,很高兴能有这样一个机会和大家分享我的成长

历程,在此,我想结合我自身的情况和大家分享几句:

(1)充满自信。我们虽然来自农村,但是我们拥有的资源和其他同学并没有太大的差别。所以,不要自卑,我们要自己相信自己,这样别人才能相信我们!

(2)踏实努力。无论你有多么聪明,要想取得成绩就离不开努力付出,天上不会掉馅饼,你要记住,只有通过自己的不断努力,才能达到自己的目标。

(3)良好心态。在遇到挫折时,能积极乐观,愈挫愈勇;在取得成功时,能戒骄戒躁,再接再厉。这样你的人生才是可持续的,才能走的更远。

我坚信,奋斗中的青春,才最有活力;奋斗中的足迹,才最稳健;奋斗中的未来,才更加开阔。亲爱的学弟学妹们,让我们携手一起努力奋斗,用自己的实际行动去践行"今天我们以母校为荣,明天母校以我们为傲"的誓言。

【结束语】

最后,再次感谢我的母校——长赤中学的培养,感谢我的两位班主任(孙卫、赵祥云老师)和所有科任老师的教导以及学校领导的关心与帮助。衷心祝愿长赤中学越办越好,长赤中学学子越来越优秀!

长风破浪会有时

曹壹杰

曹壹杰

【个人简介】

曹壹杰,男,1994 年 1 月 5 日出生于四川省巴中市,现就读于华中科技大学机械设计制造及其自动化专业。

【求学经历】

我是一个土生土长的农村孩子,在五年级之前一直在老家的村小上学,后面才转到镇上上学。之前的童年生活还是蛮精彩的,和小伙伴在一起玩乐、吵架,课堂上因撒谎而挨打,不听话被父母教训,和哥哥们一起放羊,在农忙时照顾还不能走路的妹妹,等等。随着渐渐长大,收获了许多,也失去了许多。

我本质上并不是一个听话的孩子。我小时候经常打架,还经常欺负本班的同学。记得我二年级的时候,我和五年级的同学来了一场混战,当然最后并没有以弱胜强。最后那些五年级的学生都被老师狠狠地打了一顿。现在想起来还觉得有点对不起他们,因为是我先挑起的。我小时候就比较叛逆,这可能与奶奶辈的溺爱多少有些关系。五年级的寒假期间,有一次我和我妈妈到以前小学的赵老师家中做客,他说过在与我同年级的小伙伴中，我不是最聪明的，但我可能是最有韧性的。当时并没有很懂，但现在觉得在潜意识里会有些影响吧。五年级下学期转到了桥梁小学上学，因为进入了新的环境，人生地不熟的，变得有点沉默寡言，精力就主要放在学习上了，学期末在班上获得了第四名的成绩，被班主任表扬，还是很有面子的。后面小升初，自我感觉良好，但成绩却比较差，最终被分到了长赤中学初中部一班。在选班干部时，被选为学习委员，记得当时没有什么具体的竞争，只是班上几个以前小学的同学推荐。那个时候并不知道什么是责任、担当，我脸皮薄，总感觉如果做不好，在老师、同学面前会很没面子。当然上课小动作这些是肯定会有的，有一次坐在窗户边上，被班主任逮个正着，就消停了好一阵子。在初中的这段时间里，并不是我自己本身有多自觉、多爱学习。现在想起来，就是在家长们、老师们、同学们的影响下，去做一些在很多人眼中正确的事情。在这段时光，结识了我的好哥们，年少时的友谊很简单，我记得有一次我和他在他们宿舍同床，就有了这段到现在持续了十年的友谊。

高中之前，我不知道高考，只听说过清华北大。那个时候还是很无知的，在初升高时我是我们班的第二名，当时还想着去南江读书，但现在想起来，选择长赤中学还是很明智的。高中是在长赤中学高中部十一班就读。在暑假的时候就开始上课，在自我介绍时，用了一段简单的英语介绍，当时班主任还是比较惊讶的。高一上学期第一次做英语周报时，我英语成绩只有六十多分。当时英语老师很不解，我升学时的成绩还是过得去的,我也很吃惊。后面的事实证明,我就只有那个水平,在接近一年的时间里,我的英语没有一次及格。还记得我第一次英语及格的时候,老师很高兴地告诉我及格了。看着试卷上红色的九十分,颇有些"守得云开见月明"的感觉,从那以后我就基本没有不及格了,但英语一直是软肋。高二这年在高中三年中是特别重要的。在这一年里,我有些不在状态,家里爸妈离婚的事,我和奶奶之间又有些矛盾。我是那种很多事情都放在心里的人,这一年,老师说我有些不正常,有时候还和班主任顶嘴,成绩方面在班里一直是中游,看样子是完成不了一开始时赵老师对我进入年级前十五的要求。高三一直没太大的变化,成绩很稳定,到最后三诊时有了比较大的提升,但过来人都知道,三诊是很简单的,就是为了提高士气。第一次高考,我爸还回家来陪考,但成绩下来还算是正常,超二本二十分左右。

我和我的好哥们只差几分,直接决定一起复读。当时还是有很多亲戚觉得二本可以走了。但我才不管别人的想法,而且我爸妈也一直很尊重我的选择,所以没有什么阻力。复读开始的入学考试很不好,因为是在暑假,以前的同学办升学宴,天性使然,我没把主要精力放在学习上。后面慢慢开始好转。基本都在班级前五的样子。这一年中也发生了很多事,家庭方面都是些不愉快的事情,我奶奶中风,爸妈还是有吵吵闹闹。但都尽量不去影响到我。在离高考还有三个月左右的时候,我得了重感冒,生病了一周多,那段时间成绩下降明显。自己也有些着急,但还是慢慢调整心态,在病好了之后总算开始回升。我神经比较大条,在又一次高考的时候,基本没有紧张,主要是感觉准备很充分,所以发挥都很正常。

　　学习占用了我太多的时间,前面接近 20 年的时间大都花费在这上面,不论喜欢还是不喜欢,在我们这些地方,自己的选择并不多。大部分人都要这一条路走下去,而我已经走了过来,还是留下了许多的遗憾,在其他方面都很贫乏。在进入新的环境后,发现太多相同的人,我们都努力过,我们都是普通人。

有目标才有动力

张友明

【个人简介】张友明,家住四川省南江县平岗乡平岗村6社,2015年毕业于四川省南江县长赤中学。就读于华中科技大学。

【求学经历】

我家住偏远山区,经济贫困,在读二年级的时候,父母为维持生计皆外出务工挣钱,我成为留守学生。从小学至今,我的人生并不出彩,一直都过着平平淡淡,遵规守矩的生活。每天除了学习就是吃饭、睡觉、玩耍。不过作为一名青少年,我也犯过不少错。上高中时,有段时间疯狂地迷恋上了网络游戏,整日就想着玩游戏,晚上放学后就冲向了网吧,第二天一早就回到教室睡觉,把学习抛在了脑后。好在父母和老师一直在我身边悉心教导我,最终我"改邪归正",戒掉了可恶的网瘾,回归正途。

对于学习,我并没有什么经验可谈。就我自己本身而言,平时上课大部分时间认真听讲,下课认真完成作业就好了。我有一句话:"该做什么就做什么,想做什么就做什么。"意思就是说学习时你应该做什么就做什么,并且要完成得出色;平时你想做什么就做什么,保持好的心情,有助于更好地学习,也就是所谓的劳逸结合。在我看来,学习时就要认真地学习,玩的时候就要开心地玩,做到这样,学习生活两不误,也不至于被包围在枯燥烦闷的学海中。不过,目标还是要有的,有目标才能有力量,才能学得有劲。

现在,我进入了华中科技大学,我的大学生活虽然才过半年,却也比较多彩,我们同学一起做了许多活动,也遨游在广阔的知识海洋里。大学生活无疑丰富多彩的,我希望在这多彩生活中沉淀出属于自己的东西。

以上就是目前为止我的生活和求学经历,一句话来说,平淡却也充实。

坚持便会有收获

苏新明

【个人简介】苏新明,2017 年高考考入华中科技大学。

苏新明

【求学经历】

我很高兴能有这么一次机会谈谈我的高中,也很高兴能和众多学弟学妹们分享我的高中生活,希望我的成长经历对看到这篇文章的学弟学妹们有所帮助。

我是以优异的中考成绩考入长赤中学特优班的尖子生,当时的我算是踌躇满志,也构想着美好的甚至是一帆风顺的高中生活,高一上学期由于我保持着初中时良好的学习习惯,也埋头于学习不问世事,一直稳居年级理科第一名,放假的时候,我也坚持提前完成作业,保持着绝佳的学习状态。然而,挑战接踵而至,下学期我听从他人建议,下了全面提升自己的决心,却不知不觉中将学习偏移了重心。我渐渐参加各种活动和陌生人也交流得多了,整天的时间被撕裂,而恰好我当时还不会利用碎片化的时间,不知不觉中我的习惯变了。万事有舍才有得,只怪我明白得太晚,分不清事情的轻重缓急。

在紧张的日子里,自己总喜欢给自己找借口,暑假期间由于我去成都参加科学营又在校内参加了夏令营,一直有抵触情绪的我正好给自己找了个不好好学习的借口,无缘无故又浪费掉暑假时间,但当时的我却感觉理所当然。

进入高二,我决定朝着自己的梦想冲锋,前一个月的坚持让我到达巅峰,然而命运就是这样,总会让生活充满各种挑战,我被要求去上海参加灵青培训,七天足够让一个精力充沛的人变得懒惰,因为放松有了足够的理由。这之后我便很难再赶上进度,追赶的心的确很累,也因此我感觉到了自己的步步倒退。

高三是一个分水岭,一部分人拼命地学,另一部分人索性就松懈下来,因为高三会有做不完的作业,很容易让人找到放弃的理由,也许,认真完成每一天的作业就是高三的最高目标。我颓废的状态在高三时有时无,因为时间只有一次,青春又不给我弥补的机会。高三的我没有一颗冷静的心,名次对我来说实在太重要了,气馁成了也最大的威胁,可惜我到高中毕业才明白这个道理,难怪旁观者清。高三是需要我去默默坚守的一年,直到最后一刻都不放弃,而我却没有做好!

在学习和生活方面我有一些思考想分享给大家。

(1)不能轻易改变自己的学习习惯。形成良好的学习习惯是一个并不简单的过程,一旦形成了,在没有十足的把握改善它时千万不要抱着试一试的心态去调整,因为机会往往留给有充足准备的人。

（2）不要让自己有松懈下来的机会。若有学习之外的事情耽搁，最好写一个时间表，抓紧时间，回归正途，不要让自己趁机松懈下来，坏习惯一旦形成，便会很难改正。

（3）每天坚持一样的作息时间。千万不要觉得那天晚上精力好就拼命熬夜，那天精力差就早睡，其实不管一天花了多少时间休息，一定要规律，只要既定的规律稳定下来，效率便会冥冥之中提高不少。

（4）不要花太多时间做无谓纠结。高中时段也会经历各种选择，其实每一种选择都表现出两面性，与其不断权衡利弊得失，不如果敢抉择，朝着自己选定的方向矢志不渝。不悔恨便不会放弃，任何选择都贵在坚持！

我是从高中走过来的人，虽然经历有所不同，但目标却和你们是一样的。那一段青春时光，我也有过轻狂放纵，有过无助悔恨，也许这就是青春该体会的，我希望我的经历能帮到你们一些。

请相信：坚持便会收获！望学弟学妹们珍惜高中，梦想成真！

命运紧握在自己手中

李雨科

李雨科

【个人简介】李雨科,男,汉族,1996 年 9 月 15 日出生于南江县双流乡,2003 年在双流九义校就读,2012 年进入南江县长赤中学,现就读于四川大学软件学院。

【求学经历】

我出生在一个贫困家庭。父亲长年在外务工,工作艰辛,母亲在我出生不久后即患精神病,爷爷奶奶年事已高。家里虽特殊,但缺乏管教的我,从小就贪玩,厌学导致成绩平平。直至初三留级后,才开始改变。

经过第二次初三还算努力的学习,我终于以还算优异的成绩进入长赤中学。初入长赤,经历过去长期懵懂的我,想努力学习,考上本科,赢得别人的尊重。但是,一段时间后,我发现自己是如此的无力,英语连初一的都不懂,数学做题慢。初中引以为傲的理化也比不上别的地方来的同学。找不到方法,努力看不到进步,迷茫随之而来,再次选择逃避后,便一发不可收拾,通宵上网看网络小说,上课睡觉甚至被班主任老师发现。就这样,我度过了高一下期的大部分时光。

如何把命运攥在自己手中,我开始反省加上行动。或许是这次成绩的下滑达到了我的底线,高一下期期末,我开始反省自己,只得出一个结论,我必须学习。我的妹妹出生不久,我考了上高中后的第一个好成绩,或许是妹妹带给我的运气吧。不知从多久开始,每晚睡觉时,我都要想一下我爱的以及爱我的人,仿佛这样,我就会充满力量。计划再多,倒不如实际做几道题,实践出真知。懂得越多,学习就越有动力,已进入良性循环的我越学越有劲,辛苦却感到踏实。最后,我收到了四川大学的通知书。

过去,我感觉考大学很难,更不用说是川大,高校宣传时,我不止一遍地想象自己在大学的情景,而如今,我已然在川大,但这里,绝不是我的终点,而是我又一个新的起点!

坚持,让我遇到更好的自己

蔡朝

蔡朝

【个人简介】蔡朝,男,初中就读于正直中学,2013 年以优异的成绩进入长赤中学,2016 年高考考入四川大学。

【求学经历】

时光荏苒,犹如白驹过隙。眨眼间,高中三年时间已过,我历经多年的努力,带着憧憬,满怀激动地步入了大学。

回首高中三年,那些熟悉的身影,熟悉的环境,那个我曾经抛洒过汗水的地方,不断地在我脑海中清晰地浮现出来,感谢母校长赤中学,让在其中浸润三年的我,接受一次次的洗礼,历经一次次的蜕变,最终跨入如今的殿堂——四川大学。

高中三年的时光,说长不长,说短不短,而那每一段时期的学习和生活,在一遍遍走过之后,都已深深烙印在我的心中,记得初中或高中时,面对陌生的环境,我一直忐忑不安,我对自己的快速适应能力并不自信。没有对周边生活的探求欲望,我只能一门心思地扑在学习上。对知识的不断获得,我有了充实感、存在感,自己也在潜移默化中熟悉着周围环境。

慢慢地自我发现,学习和生活本身并没有矛盾,两者是相辅相成的,都是人生中难能宝贵的体验。

在我看来,学习的过程中,贵在坚持,在于不断地努力。因此自高一入学以来,在学习方面,我一直是稳打稳扎,不追求急进,不会突击学习到凌晨一两点,每天我都坚持在 12 点左右睡觉,按部就班地学习,注重课堂效率,课下大量的试卷及作业练习,以此来巩固课堂所学习的知识,渐渐我发现,只要按时按量地完成老师的要求,不需要其他的练习,自己的基础就不会落下,反而在不断地强盛。我对班主任秦老师那句话"在自己没有明确的学习方向的情况下,按时按量地完成老师的要求便是最好的学习方向"渐渐有了深刻的认识。

同时,学习还要注重与老师的探讨。对我们很多人来说,高中的学习过程是一个未知的过程,在探索过程中,我们难免会走许多弯路,而老师在送走一批又一批的学子之后,他们对高中的学习经验肯定要比我们丰富很多,多与老师交流探讨,能避免我们走徒劳而无功的弯路。

对我而言,学习要注重稳定心境,能认真地对待挫败。高一、高二,我一直保持着稳打稳扎的方针,而在进入高三之后,随着复习生的洪流汇入,没能抗住这些冲击,我的成绩一次次跌落,从年级前四一下子跌落到年级十七。伤悲之余,我负面情绪开始浮现,我渐渐否定自己,那一个月的沉沦期间,我始终没有走出低谷。父母和老师也意识到我的情况,在一次次交流之后,我渐渐走出低谷。他们让我明白我不能就此放弃。努力了不一定会有收获，而放弃了肯定没有收获。高三后期的学习，我尽自己最大的努力，努力着让自己的付出不会付诸东流。此刻我意识高三的学习稳定心态极其重要，而挫败又能够磨砺人的心志，但并不是说磨砺心志，一定要通过挫败来实现。

高考之后，一颗忐忑不安的心渐渐平静，尘埃落定，带着录取通知书，我进了川大。高中的学习已然落幕，而我大学四年的征程刚刚掀开帷幕。满怀期待，秣马厉兵，在大学这片新天地中，我摸索着自己的学习方向。

我的高中，我的真实生活

岳春林

岳春林

【个人简介】岳春林，2016 年高考考入四川大学。

【求学经历】

鄙为此文，不求赞誉，不畏蜚语，聊以慰藉吾之不舍不安之心。——题记

进入高中以前，我对高中生活还是有一点幻想的，毕竟要认识新的同学，接触一个新的环境。但对于那时的我来说是既不愿又不舍的，人总是在聚散离别，但离别之情是最令人深刻的，不管之前有什么分歧和争端，感谢互相陪伴的三年，日后偶遇之时能打个招呼问候一下，便算是尽了同学友谊了。

但高中与初中又有不同，经历了高中三年，对于我个人来说高中几乎全部时间都在学习知识，所以我想浅谈下我的学习经历。

刚进入高中的时候就觉得知识的跨度很大，比如数学这一个学科，初中三年学的知识在高中继续学习的只有二次函数，深入学习的就有几何，由一维点线、二维平面拓宽到三维立体，当然解析几何更要考到计算能

力,椭圆、抛物线、双曲线,贯穿解析几何学习的始终,由其定义推出其性质,又由其性质反推出定义,反复推敲,应用于实际题目,但是对于解析几何说太多都是废话,只有多做题,敢做题,才能慢慢从做题中找到做题的手感,对解析几何的题目进行分门别类,再对每类的题目进行继续联系;函数又是一个大类,掌握数形结合非常重要,这个参数的变化会引起图像怎样的变化,定义域、值域、极值、极值点,这些都是函数方程的基本性质,如果能了解图形的大致走势,仅仅利用方程就能大致画出图形,这便是更高一层的境界。以上关于数学说了这么多,其实都不重要,重要的是基础题,只有抓牢了基础题,才有可能在中难题、难题上面进行突破,使分数提高。

可能最令我头疼的就是语文和英语两门语言学科。语文要讲实际的时候可以字字珠玑,落实到纳米级别那种细节程度,要讲虚的时候也可以给你讲的虚无缥缈,让你有种云深不知处的感觉。语文从小我就在学,拼音、笔画、词语、成语、句子、语段、文章,每一部分都有很深的学问。有时候别人写的华丽辞藻、优美语句在自己看来那就是妙不可言,有种醍醐灌顶的感觉,但转过去就会有人反对妖艳淫词以朴实无华、去伪存真、回归本质为美。公说公有理,婆说婆有理,但非黑即白的事从来都不存在,自己就要学会欣赏这种矛盾,在矛盾冲突发生的时候自己应该有一个坚定的立场,不能人云亦云,随波逐流。任何事物都是有两面性的,自己应该具有发现美的眼睛。同样,不能忘了在高中阶段学语文的初衷——应付高考,答题的套话多多少少应该学会一点。英语,这就是一门很考验语感的学科了,读得多了,写得多了,做得多了,慢慢地提高单词量,看到单词的时候就会自然形成一种意识,连词成句,能在最短的时间读懂英语文章大意,抓住主干,这是最重要的。

在高一下学期分班的时候我毫不犹豫地选择了理科,对于文科大量的需要记忆的知识我实在是无能为力,但是理科就有一定的套路了。物理化学生物,物理的答题样板基本固定,变的是不同的知识类型,接触了力学电磁学,才慢慢发觉学习的知识与现实生活开始接轨了,但是也并不是完全接轨(理想条件下)。化学是我最感兴趣的一门学科,基本上生活中方方面面都有化学的存在:冶炼金属(金银铜铁铝等)、提纯物质(食盐等)、化工厂制药厂生产时都要运用到化学知识,人体内各种生物化学反应的本质,药物进入人体后如何产生作用。总之,理化生三门学科让我对这个世界的本质有了些许了解。虽然这些在试卷上看不出来,但是在慢慢做题积累的过程中就会发现其中还是有很多奥妙之处的。

当然在高中除了学习,课外生活还是比较丰富多彩的。看小说、骑自行车和野炊,几乎就是我全部的爱好了。周末的时候和几个同学约好一起去附近骑会儿自行车,看看沿途的风景,到达目的地后就地开始野炊,拍一些照片,然后这些照片就成了永久的记忆。有时周末在家看看小说、电影、玩玩游戏,有些历史小说写的特别深刻,比如月关的小说,不经意间的一小句话,说不定就包含着人生道理。

　　我这三年来的学习生涯业已告一段落,现在回味一下,无论是不善言辞的同学或是开朗大方不拘小节的同学,都给我留下了深深印象,三年中大部分时间都是与同学们在一起,感谢他们相伴!

　　而如今,又到了分别的时候,千言万语涌上心头,却连一句再见也说不出口,耳畔又回响起班主任秦老师经常说的一句话:"你们能聚在 11 班,就是你们的缘分,我们都是一家人。"

谢谢你光临我的梦,和我的心狂奔

何霁洋

何霁洋

【个人简介】何霁洋,女,2010 年进入长赤中学初一,2013 年以优异的成绩进入长赤中学高一,2016 年高考考入东南大学。

【求学经历】

当我无须刻意便时时想起高中那三年时,我已经独自生活在一千四百千米以外的城市,有时憧憬、有时迷茫地穿行在人来人往的校园里。

走的最急的都是最快乐的时光。

我无意非要在过去与未来间做个比较,只是有一天和从前同学聊天时,偶然发现 7 点的南京天空已经漆黑一片,而那个小镇却还在明亮之中,洒来的片片阳光,把她装扮成一幅金色的油画。那时候我才发现我与她的距离竟如此遥远,足够产生时差,足够各自拥有不同的生活。

这是一种遗憾,可更是一种珍贵。

军训这几天我都是 6 点整起床,匆匆忙忙整理,和室友奔跑着进入操场。我想从前的老师和同学绝对都会觉得惊讶吧。对啊,从前那个从来都是掐着点,更多时候是迟到的学生竟然现在起得这么早。我回想着每次打铃之后还在过道里气喘吁吁赶着点的我，当独自遇见秦老师时，有时觉得郁闷；当找到一同挨骂同伴时，有时又觉得欣喜。看着这边才九月就纷纷落叶的操场边的梧桐，真的只是从前了。

然后我才明白这是一种想念。

我的高中生活有奋斗、有颓废、有欢乐、有失望。但更多的是一直奔跑着想要迎接一个更美好的未来的心情。那些时光里充满激情的斗志、微妙的情绪、有关于更好的自己的梦，在记忆里泛着金黄色的光辉，那么明亮地照耀着我现在的生活。高一懒懒散散地起床，入教室时还打着呵欠；偷偷摸摸在晚自习时夹在练习册下读小说；三个好朋友组队坐在一排天天上课说话，遭到各科老师投诉，结果被拆散；坐在教室左后角无法控制瞌睡来袭，倒得东倒西歪，被看到的同学掩嘴嘲笑；在躲课本后偷吃的零食，口袋随手被夹在书里，发现时散发一种特殊的怪味；高考前每次理综考完，在回家路上与好友的相顾无言、满脸悲愤怀疑未来。那么多那么多的细碎，却闪耀似星朗照着心中的路。高二参加运动会一百米比赛得了小组第一名；月考失利后独自沉默，伤心，在纸上写下"一定要努力"；英语听写时看着旁边同学手忙脚乱、心急火燎，我悄悄地笑；做完每一期板报后在讲台前，看着黑板上的斑斓色彩，心中洋溢着自得；考试考好的时候，一面高兴一面告诫自己"不要骄傲、不要以为这就很好"；夹在两个队伍间的我们两个人一个班跑完两圈的早操；难过时落在背后的手掌和看得到的无言的安慰；高考前夕,12点半赶向学校忍着燥热刷完的习题;天利三十八套、各省市高考真题、"五三"和"三二"、乐学七中……是什么让人如此坚持与坦荡？难道不是心中那个更好的自己的梦吗？使自己从初入校园时矮小的青涩的我，变成现在能坦然能自信去仰头微笑的我。

这些画面，都是我用手写的从前……

"这离别被瓶装成秘密，这雏菊美得像诗句。而我在风中等你的消息，等月光落雪地""校门口糖果店，记忆里在微甜""现在我终于跟着直觉走，路过了爱就不怕冷，也忘了离家第几个黄昏""梦很小声听仔细了，未来没有分神""犹记那时光，将无为岁月，角落都照亮"……

感谢我的高中生活。感谢我遇到的人。感谢曾那么用心地和我一起度过那三年的一切。

谢谢你光临我的梦，和我的心狂奔。

不念过往,不畏将来

杨娜

杨娜

【个人简介】杨娜,女,汉族,2000 年 4 月出生于南江县红光镇海棠村,2017 年毕业于长赤中学,被东华大学录取。

【求学经历】

我今年能被东华大学录取,有些出乎意料。也许是自己低估了自己,又也许是高看了学校。曾经许许多多的日子里,都幻想着自己在高考成绩公布的那一晚有多惊喜,在录取结果出来后是多么兴奋,在踏进大学校园的那一刻是多么骄傲……然而现实与理想总是有些差距。自己内心也曾纠结过,徘徊过,但最终还是选择走下去。虽然结果不是想象的那样好,但学习的过程才是我难忘的回忆。

对我而言,真正的小学似乎从 4 年级才开始。因为那之前在村里读,完全对学习不在意,也对自己的未来没什么打算,就像混日子一样。4 年级到 6 年级在上海读,这段经历也算是人生的转折点。因为去了一个大环境,自己的视野开始开阔,不再局限于原来的生活。同时周围的人影响着我,我也不再堕落。也是在上海那段生活,才让我真正重视学习,并开始努力。初一回到家乡,带着一位老师对我的讽刺我选择了长赤九义校。我是一个很有自尊心和骨气的女生,正是因为那位老师的话吧,我初中一直很努力着,基本能三年稳居年级第一,仿佛不停地在与讽刺我的老师做抵抗。不过我就是那种别人说我不是,我偏证明给别人看的人。不服输硬要做出成绩来一直是我的原则。2014 年,进入了长赤中学特优班,在这里有幸遇见很多好老师与同学。

记得刚进高一的开学考试,因为不熟悉题型和难度,考得很差,排班上 30 多名,我特别伤心。这也算是对我的警醒。然后我就特别不服,也就在刚进高中第一个月,我每天都很平静、努力地学习,基本无视周围一切纷扰,心里就一个目标:我要证明自己。后来第一次月考班上第五,也许还令许多班上同学惊讶,因为那一个月基本没人认识我。也许是这小小的进步激励了我,也许是我自己一直具有的自尊心太强,又也许是为了自己以后的人生,我就开始了高中三年的奋战。我始终记得老师的叮嘱:踏实,努力,认真。这三个词很重要,最起码可以反映一个人学习的态度。可能你没有别人天生的聪明,但你可以比别人努力,努力去证明你自己的能力,而不是变的平凡、平庸、麻木、堕落。三年高中学习中,会面对无数的坎坷,有时是解题的困难,有时是成绩的打击,有时是自己的浮躁…但当遇到困难时,都不能放弃自己,最不能失去的是对自己的信心。高一高二的我成绩都算平稳,只要认真学,打好基础其实都不是问题。记得高三那一年,我曾度过高中最痛苦的日子,面对睡眠的不足,各科繁重的作业和每次考试越来越差的困境,甚至创造三年来最差纪录,我内心真的是崩溃到无视成绩与排名。那一年里,经常被打击,有时都似乎习惯了被打击,我也变得麻木,我知道那很恐怖,但我尽力克制,默默地做好自己该做的。我坚信真心的付出一定有收获,只是时间的问题,也许一直付出的我下次考试不一定会考好,但总有爆发出的那一天。不管在多么难熬的日子里,都不能失去对自己的希望,也不能放弃对梦想的追求。高三,其实最重要的是自己对知识的查漏补缺和归纳整理与知识体系的有序建构建,不要特别在意排名,否则会将自己的思绪与注意力分散。一次考试成绩只是一个阶段的学习状态的片面概括,不要让考试对自己造成太大的影响,否则会很大程度影响后面的学习状态,成为恶性循环。同时要多听老师们的建议,紧跟他们的教学步伐,是很重要的。在复习中,除了简单完成老师布置的作业,还很有必要挤出时间来自己总结与反思知识点,自学的这段时间很重要(对我帮助很大),起码在节奏紧张的复习中不迷失方向,清楚自己的问题。对我来说,转点在成都二诊,就是创了高中三年最差的记录(400多分,年级69名),之后可以说是忍辱负重,无视所有,只管自己掌握的知识是否到位,之后在最后两次大考才考出较好的成绩(年级前十)。但高考成绩刚好在预期中,既不失望也不惊喜。

回想高中三年,至少我不会去懊悔,我会怀恋与感谢那些最早到校与最晚离校的日子,那些与同学们共同学习的日子和那些在长赤中学的所有回忆。当然，高中三年最要感谢的还是陪伴我们学习成长、随时鼓励支持我们、辛苦工作的老师们，长赤中学老师的认真负责让我尤其难忘，老师们不仅传授知识，还给了人生路上很多宝贵的建议。大学的学习并不容易，更需要功夫，更加考验一个人的各方面能力，所以高中一定要打好基础。大学里，我仍会更加努力学习，不停地去证明自己。同时还要多参加社团活动提高自己综合能力。不能因为大学的自由就随意放纵自己，还要不断前进，不断超越自我。希望以后的自己能为家乡，社会做出贡献，成为一个有用的人吧！

学习，是一个逐步积累、逐步发展、由不知到知、由量变到质变的过程。或许，你刚开始看不到努力的效果，但是只要坚持，你会越来越看到希望，总有一天，你会发现你已经有了质的变化。你学过的任何东西都不是白学的，即便在现在现在看来没什么用，但在潜移默化中，你都会有收获。我们付出的一些努力看似无用，但说不定某一天，他们的效用就会放大，远超我们想象。时光不会辜负任何一个平静努力的人。时光，会锻炼一个最好的你。而你，也一定会感谢当初那个平静努力的自己。

最后，希望母校长赤中学发展越来越好，希望学弟学妹们学习进步，能够考上自己理想的大学。

我的青春痛并快乐着

唐涌泉

唐涌泉

【个人简介】唐涌泉，男，1995 年 8 月出生于四川省南江县天池乡，2015 年毕业于南江县长赤中学。现就读于中国地质大学地球物理与空间信息学院。

【求学经历】

高中生活是没有颜色的，当身处其中，它是一杯白开水，平淡、乏味；当再度回味，它却是杯老白干，有滋、有味。

昨夜西风凋碧树，独上高楼，望尽天涯路。

初中的我，正值青春叛逆期，打游戏、打架、逃课去打篮球，特别不听话，一直是老师眼中的坏孩子。经历了十来年的小学初中应试教育生活，刚上高中的我，并没有多大动力，甚至有些厌倦，没完没了的试卷，漫无边际的题海，单调枯燥的高中生活让我一度迷茫，想要放弃。

直到有一次，看到俞敏洪老师的一个访谈节目，他问了一个问题："你想成为什么样的人？什么是你想要的生活？"我一下子怔住了，或许是多年来年少轻狂放纵不羁的日子过惯了，从来没想过到底未来我想成为什么样的人？过上什么样的生活？为此，我需要付出什么样的努力？确实，这是一个值得所有高中生思考的一个问题。

高中的意义，在于沉淀，在于积蓄，你想成为什么样的人、你想要什么样的生活全都在于你现在所付出的努力，大部分人想要的都很美好，但是你现在的努力配得上你想要的生活吗？你可以选择以不同的方式度过你的高中生活，但总有一天，你会为你今天的所作所为买单。

衣带渐宽终不悔，为伊消得人憔悴。

明白了为什么而学，接下来就应明白怎样去学。对于高中这样快节奏高压力的生活，心态是最重要的。高中无数次考试，无论是年级第一，还是年级一百多名，高兴或难过，好像都是老师父母的事情，对我而言，都差不多。因为人的一生，就像正余弦函数一样，波折起伏，充满变数，所以不要因为处在顶峰而骄傲，也不要因为处在低谷而一蹶不振。保持好的心态，踏踏实实做好身边的事才是最重要的。

细节决定成败，习惯决定未来。一个好的学习习惯会让学习事半功倍。就拿英语来说，高中三年，我基本每天早自习都会先花十分钟时间去记单词，然后再开始早读。晚上都是十一点半准时睡觉，睡觉之前花十分钟做一篇完形填空，不仅有助于睡眠，日积月累对语感的培养起了很大作用。因为好的习惯，使得平时不怎么听课的我英语也从未落下过。

找到了窍门，路就会短。学习语文，我始终坚信：厚积薄发。平时多而厚的积累，会让你在考试中有意想不到的灵感。我有一个专门的笔记本,好词好句,都会被我收集下来,现在被我带到了大学,用处很大。对于数学,相对其他科,算是弱势科目,究其原因,做的题太少,数学就需要多做题,多总结。理科综合,主要是对典型题型的总结,学一类就要会一类。方法再多,适合才是最重要的。同时多与老师同学交流,取长补短,才能出奇制胜。

众里寻他千百度,蓦然回首,那人却在灯火阑珊处。

看到这篇文章的你,心底一定会有许多充满激情的目标,比如要看多少本书、要做多少道题,在最近的某次考试中要取得什么样的名次。这些都是好事,但最好从现在开始,看到这篇文章的时候,算一算你还有多少时间,如果你的目标是看多少本书,那么现在就拿起书吧;如果你的目标是刷多少道题,那么现在就提起笔吧;如果你的目标是取得什么样的名次,去哪所大学,那么现在就去做吧。

天地之间,若白驹过隙,忽然而已。不要觉得时间还早,你还有很多时间去完成你的目标——别忘了,昨天的你也是这么想的。

"你有多大能耐,长赤中学就给你多大舞台。"长赤中学是每一位学子实现梦想的舞台,我也在这里留下了美好的青春,浪漫的回忆。感谢长赤中学对我的培养,更要感谢我的班主任袁清平老师和所有任课老师的教育及学校领导的关心与帮助。希望我的母校——南江县长赤中学,越办越好!也希望更多优秀学子能从这里实现你们的梦想!

走稳人生的每一步

唐东坡

唐东坡

【个人简介】唐东坡，男，出生于 1998 年 3 月，长赤中学 2015 届毕业生，现就读于东华大学。

【求学经历】

时光荏苒，转瞬间我就已经经历了人生的蜕变——高中到大学。然而，成长的步伐却依旧从未停止，这小小的蜕变，仅仅是沧海一粟。成长路上，跌跌撞撞，我们只有在无数次的跌倒中，才会使自己更加坚强。人生的每一个脚步都应该踏实和稳重，只有站稳，才能继续前行。

也许很多人不会相信，高中的我大部分时间都是在玩耍了，现在想想，确有些许后悔。不过，过去的事并不会影响现在的我。在我的高中生活中经历了太多的失败，也许由于自身太过贪玩。不过，高中的噩梦已经结束，对于现在的我，它已经是一段尘封的记忆。高中的记忆，代表着我从幼稚走向成熟，从自卑走向成熟。

时光的步伐倒退到我的初中。初中的我，缺少了太多的有利于自己的东西。我只知道用分数证明自己，这也让我失去了很多的朋友，然而初中埋头苦干的我,在最终的毕业考试中也并没有取得好成绩。也许,初中的我,是最为不稳重的一个阶段。也许这便是高中自卑的原因吧。

小学的我,着实无太多可讲,大多忘了或是实在是没有提起的必要。

现在的我,初生牛犊,回味着自己的记忆,憧憬着自己的未来。我可以在大学接触更多的东西,学习更多的东西,敢冲敢闯。在大学里,我将会努力充实自己让自己发生质的飞跃,使自己更加成熟、稳重。

"不在沉默中爆发,就在沉默中灭亡。"鲁迅先生的这句话不只是适用于旧中国人民,也适合我们每个人。

最后,愿母校更加美好,老师一切顺利。

徜徉于青春驿站

李茜

李茜

【个人简介】李茜,女,长赤中学2015届毕业生,现就读于东华大学。

【求学经历】

冬去春来,晃眼间,十七年的时光如弹指一挥,转瞬而过。成长的过程坚实而厚重,来去匆匆之间,抓住的只是人生中的沧海一粟。然而,青春依旧张扬,信念一直存在。也可以说是因为天真在成长之路上跌跌撞撞,它被芒草割伤后学会了所谓的乖巧,褪去了原有的轻狂,多了份深思的羁绊,这就是所谓的成长吧。

人生,是我们一步一个脚印地走,且行且赏路旁的风景,坐看那花开花落,云卷云舒。高中,可以说是一个没落时代的梦。提笔看着窗外成行的树在风雨中摇曳飞舞,最终寂美凋零、没入尘土——浮躁最终走向平静!不禁思绪飞舞,回到了一个时代,一个年少轻狂却心比天高的时代。抱着初生牛犊雄心,怀着不败的决心,踏着天真的脚步走向新世界,以为自己已经可以像雄鹰一样翱翔,傲然于天地,能征服很多,带着以前积累的天赋,带着满腔热情,还有一腔年少轻狂,我走进了这个时代。

有付出才有硕果，没付出必定两手空空。

我如多数年轻人一样的轨迹，激情澎湃中少不了自负，期盼收获却又禁受不住红尘中花花世界的诱惑，期盼的多，付出的少，学习、上网、听歌、小说，诱惑会慢慢地侵蚀梦想。三年时间过得很快，我却蓦然发现我已不再是我，原本上进的我已在不觉中堕落，转眼的高考让自己感到前所未有的茫然与恐惧！白天一副无所谓的样子，暗夜却在独自懊恼！高考结束，结局意料之外的平静，它没有自己曾无数次臆想那般辉煌，却也不至于一败涂地。年少轻狂的梦就此陨落，然而我却因此穿上了一套镇定的铠甲。

青葱时光中沉淀出更好的自己。

时间总是最好的心理医生，在一个暑假的反思下，带着一份平静的心来到了大学。终于明白被生活击败后免疫力便会增强，人生经历过挫折后会显得更加坚实厚重，正如雨过后的彩虹会格外绚烂，沉重之后的心灵也会更茁壮的成长。现实正帮我脱去稚气的外表，意志给我换上了可以坚硬的铠甲。我慢慢懂得懊恼解决不了任何问题，奋斗才是真理！我开始变得坚强起来！

我们长大了，不只是外表的成熟，还有心灵的成长。多了一份"闲庭信步"的洒脱，少了份好胜的轻狂，学会了期盼人生"行到水穷处，坐看云起时"的那份超然。"天空留不下我的痕迹，但我已经飞过"。这便是成长赤中学所得到的顿悟。人生中充满了陷阱和失望，结局即使令人无法期待；也要相信童话，相信自己会拥有一双带自己飞向梦想的隐形的翅膀，相信终究有一天所有播种的梦想都会开花！

终于走进一个全新的时代。大学是一个昨天还梦寐以求，今天却置身其中的殿堂。学校那青葱的草地充溢着生机的灵气，像青春不能避免的邂逅。成长伴着岁月的流逝，会长大、会成熟。

依旧记得那个凌云壮志的我——一个握着拳头对自己说"I can do everything if I want!"一心想着念大学、拿奖学金、考研究生的我，现在想想都还有点热血沸腾。如今的我学会了沉默与内敛。如若经历过太多的辉煌与没落、成功与失败，你就会懂得：人生奋斗过就不会有遗憾！毕竟，树立一个远大的目标，不再仅仅是为了成功那瞬间的辉煌，只要为它奋斗过，抗争过，努力过，成败也就不再那么重要了。因为，在人生旅途，我们的人生早已因这一路风雨穿行而色彩斑斓，而更显坚实厚重！

现在，我期待着能"生如夏花"一般绚烂。如果能成长到如此高度，就不枉此生了。因此，即使结局无法令人期待，我都要，都会坚强地走到最后，走完自己曾经选择的路，无论花开花落。

仰望星空与脚踏实地

谭秀水

【个人简介】谭秀水,女,1994年10月出生于南江县长赤镇清泉三社,于2013年从长赤中学毕业,以142分的成绩获得巴中市英语单科第一名。现就读于南京财经大学金融学院金融系。在校期间,学习踏实认真,多次获得各项荣誉称号和奖学金。

【求学经历】

一、仰望星空

在我们每一个学子的心中,都有一个属于我们的大学梦,如星空般深沉浩缈,如星空般神圣高远。

当我2006年第一次踏入长赤中学的校门时,我就下定决心,一定要在这里不断提升自己,开始筑梦之旅。我很幸运,初一的时候进了刘全华老师的班,她对班级要求是出了名的严格,在她的悉心教育管理下,我们大家都很认真地学习,一起营造了一个好的学习环境。初中三年里,我把自己交给了书本,在认真学习各门学科的同时,也广泛地涉猎其他我感兴趣的知识,对于我来说,书是良师益友,架起了我通往学海的桥梁。我还积极参加学校组织的各项活动比赛,不断从各方面提高自己的综合素质。

高中对于我来说是一个全新的开始。理科课程内容的加深对本就更偏向于文科思维的我来说,并不是很轻松的事情。但是,基于从初中形成的好的学习习惯,我还是认真学习着,在各种大大小小的考试中不断总结着得失与经验。在高一结束的期末考试中,我还是考到了全级前十名。然而,由于自己本身的一些问题,整个高三,并没有继续坚持,第一次高考的落榜便是最好的证明。在那段煎熬的日子里,我反复思量,我不甘心我的人生就这样草草预定,于是,我决定复读。我高中班主任秦老师是一个教风严厉但却不乏和蔼风趣的人,他也很关注我们大家的学习和生活,帮助我们解决学习和生活的问题,亦师亦友。终于,一年后,天道酬勤,我还是平稳地度过了高考,取得了满意的成绩,进入了自己心仪的大学校园。

学习如逆水行舟,不进则退。这是我从自己高中学习经历中得到的人生最宝贵的经验教训。人们常说,一分耕耘,一分收获,只有我们辛勤的付出,才会得到值得我们欣喜的回报。高中是一个最辛苦但也最令人怀念回味的人生阶段,我们享受着用拼搏铸就人生理想的幸福。

二、脚踏实地

当我背上行囊离开熟悉的家乡,心系亲友的眷恋,踏上开往南京的列车时,新的人生阶段在我眼前展开。我相信,脚踏实地是迎接未来一切挑战最重要的品质。

大学三年,我从一个天真懵懂的高三学子成长为自信成熟的大三学姐,不仅年龄有所增长,在知识储备与人生履历上也增添了新的光彩。

在刚刚成为一名大一学生的时候,一位学姐就告诉我,对大学生而言,最重要的还是我们的学习,不要去信仰什么"考试及格万岁,多考一分浪费"之类的动摇上进心的话,优异的学习成绩依然是评价一个学生最重要的指标。从一开始,我就意识到,学习知识是我们大学最重要的本职工作。我也很幸运,能遇到和我一样脚踏实地的学习伙伴,我们一起学习,一起争论,一起探讨,一起各抒己见,一起互补所长。遇到无法解决的困惑,常常和老师一起交流。图书馆是我们最常去的地方,一杯清茶,一册书卷,日出到日落。虽然辛苦,却很开心;虽然并不轻松,却也愉悦无限。

大一的时候,我选择担任团支书,加入学校团总支,让自己变得更加开朗和自信。很开心能遇到一群志同道合的朋友,大家一起打各种比赛,参加各种活动,无论是高顿财经杯,还是模拟炒股大赛,让自己学习的理论知识真正地得到发挥,做到学以致用!假期,我也会和同学或者老师一起参加实践调研和专业课题项目的研究调查,不断提升自己解决实际问题的能力。当然,对于我们来说,一个健康的体魄是一切成功的前提。我和小伙伴经常会抽出时间锻炼身体,打球,爬山,发展特长,尽力让自己的生活充实健康!

回眸过去的岁月,是拼搏与自信的交织,是汗水与泪水的融合,是不断增长的人生阅历在人生长河中积累的点滴。仰望星空,是需要脚踏实地的。只有脚踏实地,方能成就梦想!

追忆似水年华

代成

【个人简介】代成,男,2006 年进入长赤中学,2012 年考入北京邮电大学。

【求学经历】

长赤中学注昔

自 2006 年进入长赤中学读初中以后,我就跟长赤中学结下了不解之缘,在长赤中学度过了最重要的六年青春时光;初中生活整体而言是轻松愉悦的,没有多余的想法,没有过多的压力,没有太多升学的焦虑。岁月如歌,年华似水,三年时间转瞬即逝,在班主任郭金老师以及各任课老师的谆谆教导下,我成功进入了长赤中学高 12 级 10 班学习。进入高中的生活,曾经轻松愉悦的心态难以再现,轻快活泼的笑容不复长存。

从进入高中的第一天起,班主任秦法庭老师就告诫我们:时间短暂,要抓紧每一分每一秒好好学习,认真应对高考。在这种环境下的我们,每天都是三点一线地奔波着、忙碌着,可以说一天中可以开发的时间都开发殆尽了,早起晚睡的生活节奏每天都在不停息地进行着。同时高中的压抑又是无法比拟的,只有身临其境的人才可以感受得到。苦累乐交加在那紧张的生活中。2012 年 6 月 9 日,高考结束,五味俱全的高中生涯宣告结束。焦急的等待了一个多月,我收到了北京邮电大学的录取通知书,成了一名准大学生。

蓦然回首,细细思之,高中三年虽然充满紧张,焦虑,压抑,确实前所未有的充实。从小学到现在,从没有像高中那样专注认真地去做一件事,去为了一件事能不懈地努力了三年。这三年有着明确的目标,有着正确的方向,不曾迷惘,不曾徘徊,孜孜不怠地朝着梦想前进。

大学二三事

迄今为止,我的大学生活已过去了三年半,在这过去的一千二百多个日子里,未曾有一刻静下来细细思索自己的大学生活。借为母校长赤中学写此文之机,回味我即将逝去的大学岁月。

依稀记得 2012 年那个金秋九月,我怀着无限向往、好奇的心情踏进了无数高中老师所说的:"人生中不可不度的美妙时光。"开始了憧憬中愉快的大学生活。

大一新学期、新生活、新环境,感觉所见所闻都充满了心意,什么都感觉好奇,新的生活丰富多彩,令人眼花缭乱。各种社团,学生会等,让我充满了激情。大一的学习也相对轻松,都是一些基础课,公共课,通过的难度不大。因此有大把闲暇的时间可供你挥霍,大部分人都选择了打游戏,我对打游戏没有兴趣,怀着经济独立的想法,我去外面找了兼职,做过婚博会的服务员、文字录入员、家教等,比别人更早地踏入社会,接触各种各样的人,在实践中锻炼自己。

大二这一年也许是开始适应了新的生活环境,没有了大一的那份激情。大二的学习难度也开始加大,我开始将自己的精力更多地转向了学习。没有了更多的时间去做兼职,我便在学校做了个勤工助学的岗位,做着轻松的工作的同时,不耽误学习。此外,我还与两位同学组队参加了"全国大学生智能车大赛",第一次体会到了代码的神奇妙用以及编码的无穷魅力。

大三这一年也许是我这四年中最有意义的一年吧。这一年,我参加了我校举办的"大学生创新创业训练计划",与队友们一起海发邮件找导师,第一次与导师见面时忐忑不安依然历历在目。正式立项过后,我便开始了人生中的第一次科学研究,导师要求很严,以研究生的标准要求我们,给我们定下了明确的阶段计划,每周还要检验我们的进度,有时候为了完成任务,周末加班到将近十一点,大学的生活再一次有了充实与紧张的感觉。这一年的努力没有白费,我们取得了不菲的成果。我们做的两个项目一个被评定为国家级创新项目,一个被评定为北京市级创新项目,且都被选入了 2015 年世界电信日大学生创新参展项目。大三,又一个人生十字路口摆在了眼前,面临着工作或者读研的选择。经过深思熟虑后我选择了继续读研。

虽然大四这一年才过去了一学期,但我可以肯定地说这一年是我大学四年八个学期中最苦最累的一个学期。由于没有获得保研资格，我不得不跟我的室友一道开始了漫漫考研之路。又一次开始了三点一线忙碌的生活，早上七点起床，晚上十一点休息，在短短几个月的时间里要掌握六千多个单词，高数、线代、概率论三门数学课，马克思原理、毛泽东思想等五门政治课以及专业课。难度大，时间紧，让我不得不抓紧每一点时间来学习。加之没有固定的座位用以学习，只能每天背着书包带着书到处打游击，哪儿没课往哪儿钻，其辛酸历程，实非文字所能详述。2015 年 12 月 26 日，终于迎来了考研这一天，走进考场后的我心情异常的平静，"莫道征途路漫漫，愿效江水去不还。大势所向天地宽，终究奔涌归浩瀚"，我已尽了最大的努力，过程如此圆满，结果是否圆满已经不那么重要。

说与后来人

很荣幸能有机会和长赤中学的各位学弟学妹分享我的在校经历，在此，我仅以我的所见所闻，为各位学弟学妹讲几句自己的浅薄之言。

感恩立德，明礼修身：或许你出身贫寒，或许你曾埋怨过你的父母，或许你也曾为自己贫困而感到过自卑和压抑。但同学们，请记住，物质上的贫乏并不是贫困，精神上的匮乏才是真正的贫困。

勇担责任，诚信做人：人无信不立，要将诚信做人贯穿日常的学习生活之中，对自己诚信，对他人诚信，对自己负责，对他人负责。

苦中作乐，自强不息：困难催生伟大的品格，压力凝聚坚不可摧的精神。在生命的历程中,只有不断地努力、奋斗和追求,才能实现人生价值,领悟人生真谛。愈挫愈勇,逆境成才。在困难和挫折面前,要始终坚信:困难和挫折都是暂时的。心中常树必胜之志,胸中常立豁达之情,苦中作乐,奋发向上。立足专业,广泛学习。用科学知识武装自己,用过硬素质充实自己,以实际行动报效祖国,服务社会。

最后,希望各位学弟学妹们都能考上自己理想的大学,希望我的母校长赤中学蒸蒸日上,再创佳绩!

做一株拼命绽放芬芳的小花朵

张敏

【个人简介】张敏，女，18岁，高中就读南江县长赤中学，参加2015年理科高考，以584分成绩考进了山东财经大学。

【求学经历】

生长在山清水秀的巴蜀之地，我有无尽的自豪，但是当城里的孩子尽情地在游乐园里嬉戏时，我却要在被骄阳亲吻的山坡上帮父母做农活。记忆中，田野是我最频繁出现的场所，可我并没有抱怨过，有家人在的地方总是有足够的理由让人安心。相反，每天我都会像爸爸说的那样感谢上天给予我们阳光和养分，让我们温饱、让我们健康、让我们安心。我的童年的确少了许多城里孩子的快乐，但我感谢我的大山教会我感恩。

小时候，我喜欢伸出双手触摸蓝天，渴望风能带着我飞翔，带我飞出包围我的巴山，带我看一看山外面的世界，所以我喜欢学校，因为在书本里我可以找到外面世界的影子，尽管我们的课桌是用被村民遗弃的木板拼凑成的，我们的板凳还会在我们上课时发出声响，可我依然享受着获取知识的快乐。我渴望知识，正如我渴望外面的精彩世界，我也许不是祖国花朵里最耀眼的那一朵，但我一定是懂得珍惜与付出的却拼命释放芬芳的那一朵小花。2012年9月，我以优异的中考成绩考入长赤中学特优班，学习环境得到了很大的改善，我十分珍惜这份来之不易的机会，从高一开始我就全身心投入学习中,开启了备战高考的步伐。

生长在边远的山村,就意味着我比别人少了很多机遇。很多同龄人收到各种奥赛奖章,很可惜我没有像他们那样耀眼的光环,因为我生在了贫困的山村,这里教育落后,我甚至没有参加类似比赛的机会。我有的是尽自己最大的努力去利用好身边有限的学习资源的坚韧。在老师和同学眼中,我活泼、善良、热情、勤奋好学。我曾在2012年9月10号被评为长赤中学"进步最大"的学生,2013年9月4日被评为长赤中学的"三好学生"。除了学习,我还喜欢运动与参加学校的活动,曾在2013年11月的长赤中学冬季运动会中获得高二女子三级跳第一名。此外,我热爱生物,当我第一次在课堂中学习到一个细胞的生命历程时,我便被奇妙的生物世界深深吸引,因此我在班上成立了"生物兴趣小组",我们利用课余时间去探索周边的世界,我从中获得不仅是额外的知识,更是获得了勇于探究与创新的精神。"国家兴亡,匹夫有责",我虽没有能去挑起匡扶社会的重任,但我可以从身边的小事做起,所以我和同学经常帮助周边的留守老人洗衣、做饭,有时我还帮助低年级的留守儿童攻克他们在学习中的困难。

一方面,我是一个地地道道的农村孩子,父母让我接受更好的教育,付出了常人难以想象的艰辛,我想以优异的成绩回报他们,不让他们失望;另一方面,我身体流淌着的是建功立业、报效祖国的血液,我当爱我中华,报效祖国!

沙漠地也能开出希望之花

马莉珠

马莉珠

【个人简介】马莉珠,女,长赤中学2014届普通班学生,2014年考入湖南大学。

【求学经历】

我出生在四川双庙村这个安静宁和的村子里,在家乡度过了愉快的童年,父母由于工作的原因去了厦门,我在那里度过了三年初中生活,之后又回到了家乡念高中,进入了长赤中学。在长赤中学的这三年,我成长了很多,无论是学习上还是心灵上。现在写下这一篇文章希望能对母校做出一点回报,也希望学弟学妹们也能够好好把握这三年,不给自己留遗憾。

我是2014届二班的一个普通学生,二班只是一个普通班级,但我想告诉那些在普通班的学弟学妹们,你在普通班并不代表你比那些在重点班的孩子差了多少,不过是你中考时由于马虎什么的少了几分,所以千万不要一开始就对自己的未来失去信心。我记得那时我的同班同学里面就有这样的例子,每次我跟他说要努力学习,他就会说:"那些考大学的都已经到重点班去了,我们这些只是来混混日子的。"我只想说,如果你只是抱着一种混日子的态度来到长赤中学，那你完全可以不来。混日子这种事，你拿着钱在学校混，还不如自己出去赚点钱，还可以让爸妈轻松点。很多人，包括我自己，因为在城市里上过学，就会觉得这个乡里的小学校和外面的学校差了太多，一开始就失去信心。但是又一想，我们本来就是山里的孩子，如果不抓住机会，那么只能祖祖辈辈重复这样的生活而且长赤中学是一所足够优秀的学校，现在这里的硬件设施已经够好了，还借鉴了成都七中的资源，老师也是这么的认真负责，所以我们都没有理由不学习。这是我想在谈及我的高中学习之前给你们打的预防针。

高中的第一年我是在一种轻松愉悦的气氛中度过的，因为那时候高考的压力其实并不大，但是我还是想要告诉学弟学妹，这一年是基础，这一年你可以不用非常拼命，但是你一定要做到认真听讲，要理解老师教了什么，这是为之后的学习打下良好的基础。这一年，你会面临文理分科，我的建议是：兴趣很重要，不过也要考虑客观情况。要衡量好你文理科的成绩，在此基础上再考虑你的兴趣。但是我的文理科成绩相差就十多分，所以很多老师叫我选择理科，不过我仔细想了一下，还是选择了文科，因为这是我的兴趣所在，并且我也认为如果之后两年我一直学习理科，我的成绩并不会太理想。很多人认为理科好考大学，所以不顾自己的实际情况去盲目地选择，我觉得这是不对的，毕竟，兴趣和天赋在学习中占了很重要的位置。所以一切情况，还是要根据自身的实际来进行分析选择。

高二的日子就可以慢慢感受到高考这座大山的压力了，所以说，也该收收心,静下心来学习了。这时候肯定会遇到很多学习或者说是生活上的问题,我的建议是:一定要和老师说。我这个人就比较敏感,高中的时候经常犯情绪,一有情绪就不想学习了,不过庆幸我遇到了很好的老师们,他们总是能在这时候提点我,让我重新燃起对生活与学习的希望,其实上高中的我们正值十六七岁的青春期,是个容易焦躁的年龄,总想着去做一些追求自由的事情,我也曾是如此,但是现在大二的我再回望那一段岁月,感谢那时身边的老师与朋友,让我无论做什么都有一个限度,所以我的高中既学习了,也玩过了。学弟学妹们,上大学之后的你会有让你自由发挥的空间,所以,高中这三年,真的要好好努力。

高三的回忆就是做不完的卷子与背不完的书,不过那种生活很充实,是值得纪念的日子。那时候的我有很大的压力,幸好有老师一直在身边劝导我,所以说后来便放松了很多,继续劳逸结合地学习。高三的时候一定要把心态放好,这是最重要的。然后学习方面要跟着老师的步骤走,自己也要查漏补缺,以一种平和的心态去迎接高考。

努力才能实现梦想

何佳丽

何佳丽

【个人简介】何佳丽,女,1997 年 1 月出生,2014 年毕业于南江县长赤中学,现就读于湖南大学能源与动力工程专业。

【求学经历】

听无数人说过:人生路上一切都得靠自己。靠自己的理解,靠自己的意志,靠自己的奋斗,靠自己的脚踏实地和心诚志坚。可能当你听到这句话时,大概只会厌烦地摆摆手对那人道:"知道,知道。"然而,不得不承认人生车票只有单程,一去无返,我们能做的就是每时每刻不懈努力,让自己变得美好。

我生长在一个落后的村庄,尽管一直被告诫,只有知识才能改变命运,然而我的中学时光一度是十分迷茫的。说来实在可笑,那时的我每天竟被我所期待的未来与并未想过要改变的现实的差别所困扰着。直到无意中看到一个不知名的演讲,演讲说如果你不能把梦想变成现实,那你的梦想就会变成空想、埋怨、抱怨。我想我是有梦想的,那话却很尖锐地告诉我,我仅仅是在空想,瞎想。我想为了以后的目标,我必须要脚踏实地从最简捷的路一步步地去实现它，当然第一步便是考上优秀的大学。

　　老师们普遍认为唯有考试才能真正体现我们现有的学习水平，于是考试越来越多，考得越来越难。作为一名高中生，我高中前半段的状态实在称不上敬业，所以最直接的结果就是成绩惨不忍睹。我逐渐认识到我是在荒废时间，于是开始努力学习，但在接下来的几次考试中却并未有多大的进步。我渐渐开始慌张起来，面对着满是红叉的试卷，我有些绝望甚至不想再看见试卷了。我始终都相信只要现在努力一点，哪怕是苦到涩嘴，只要忍受下来，那么未来便是灿烂一片。然而现实是残酷的，当我看见优秀的同学考出可观的成绩时，同学间的比较不免让我惊慌失措，我不敢想象我拿着这样破败的成绩如何敲开我的理想大门。我想我还应该在行动上进行更加有效的改变，我做了一系列的学习计划。每天无论有多少作业，完成时间有多晚，我都严格地要求自己。我坚信"勤能补拙"，所以我把计划表压在桌下，若是哪天犯了懒没有完成，就用红色的笔在纸上记上叉。这个方法很管用，那醒目的红色总能提醒我。我告诉自己，这个世界是趟单程旅途，走过了就不可能再回头，高考是经不得半点"不小心"的，否则我将会走入另一个生命轨道。我就这样一直地坚持到高考。高考时我一直很平静，平静地进出考场，压力在那一刻好像消失了。

　　高考结束，尽管我的成绩还不是很出色，但我已无悔。无忧无虑的激扬青春，挫折之后的懵懂觉醒，以及迷茫后的觉悟，这些足以让我满足。光阴荏苒，现在的我已是湖南大学的一名本科生，大二学期也已经过半，回想刚刚步入大学校门的那刻，激动、期待、兴奋的情绪让现在的我也还有感触。毋庸置疑，大学是一个美好的地方，新鲜而灿烂，热情而紧张，在这里我不仅仅能学到知识，更加能丰富我的见识、开拓我的视野。它一点一点地改变我，让我变得不一样。

现在，以一个过来人的身份我想对我的学弟学妹们提一些建议。首先，学习的时候要保持一定的紧张感，细节决定成败，高中知识的"陷阱"很多，稍不留神就会"拔"不出来，所以要对学习非常专注。其次，适当地给自己一些压力，巨大的压力才会有巨大的动力，在巨大的压力之下我们的确可以发挥出巨大的潜力。同时，及时纠错，尤其是那些不经意间表现出来的错误。在高中的学习生活中，不可能从来没有出过错，也不可能知识学了就会了。要善于质疑自己，对没有特别明白的事情要不断地钻研。最后，无论现在你们的成绩是怎样的，请你们务必有昂扬的斗志，无论你在哪次考试中经受了怎样严重的打击，请依然要抱有一种平和而坚韧的心态；无论你觉得现在你的希望是如何的渺茫，请你不要忘记憧憬美好的未来；相信憧憬的都会在你身上实现，相信路就在脚下，只要你坚持不懈，脚踏实地，终能一步步地将梦想变成现实。

生命因信念而美好

罗浩

【个人简介】罗浩,男,汉族,1997年3月12日出生于四川省巴中市。本人于2003年至2009年在南江县平岗乡中心小学就读,后升入南江县高桥乡初级中学,2012年从该校毕业,以优异成绩考入南江县长赤中学,2015年顺利通过高考,被西南石油大学化学专业录取,现在攻读本科学士学位。

我出生在一个普通的家庭,家里有父母、哥哥、妹妹和我五口人,父母都是地地道道的农民。父母虽然没有接受过高等教育,但是他们都有着较高的思想觉悟,为我创造了良好的成长环境,他们从小就教育我长大以后一定要成为一名对社会,对国家有突出贡献的人。在这个时候,我知道了中国共产党,是中国共产党为我们创造了今天的幸福生活。处于和平年代的我,虽然没有经历过那战火纷飞,硝烟弥漫的战争年代,但我深知今天的幸福生活是无数老一辈无产阶级革命先烈用鲜血与生命换来的,是来之不易的。

【求学经历】

2003年9月,我正式成为南江县平岗乡中心小学的一名小学生。从此我从幼稚顽童迈入了知识的殿堂,走出了人生道路关键的第一步。在那里受到很正规的教育,老师不但讲授文化知识,而且还谆谆教导我要从小立志好好学习、天天向上、尊敬师长、爱护同学、热爱劳动,努力成为一名德智体美劳全面发展的好学生。通过努力,我的表现得到了老师与同学的认可,成为班内第一批少先队员。我知道,成为一名少先队员,胸前飘扬着鲜艳的红领巾,这不光是一种荣誉,更是一种责任,她时刻督促我要不骄不躁,再接再厉。

2009 年 9 月,我顺利考入南江县高桥乡初级中学。在这个陌生的环境里,为了不辜负父母的期望和自己曾经的努力,我更加严格要求自己,学习上,一丝不苟,学习成绩名列前茅。在充分掌握了老师课堂上讲解的知识后,我还不断拓展自己的知识面。在初一,我成功加入共产主义青年团。我不断地激励自己,最终以优异的成绩被南江县长赤中学录取。

2012 年 9 月,我在南江县长赤中学开始了我的高中生活。在这里,我始终没有忘记学生的本职是学习,入校时就给自己制定了较高的目标,毕业后一定要考上一所重点大学。这个目标犹如我高中生活的导航灯,时刻指引着我向着目标前进。高一下期文理分班,我凭借自己优秀的理科成绩进入理科班。在这个强手如云的理科班,学习上竞争的压力也随之加大许多。我在学习上、生活上和思想上都更加严格要求自己,虽然还不是一名党员,却始终愿意用党员的标准来严格要求自己。我在学习上始终名列前茅,先后被评为校级三好学生和市级三好学生。在高三学业繁重的日子里,就是共产主义的信仰支撑着我熬过一个又一个日日夜夜。终于,我以优异的高考成绩被西南石油大学这所以务实闻名的高等学府录取。

2015 年 9 月,我怀着对大学美好生活的向往跨入了西南石油大学的校门。进入大学后,我最先接触到的就是学生党员,他们踏实认真的学习态度,谦虚谨慎的工作态度,积极向上的生活态度都深深地感染了我,这更坚定了我积极向党组织靠拢的决心。大一时,我便上交了第一份入党申请书。当然,我在不断完善自己,善于听取他人建议的同时,也应看到自身的不足,很多时候做事不够踏实细心,在今后的学习生活中,我会努力改正自己的缺点与不足,争取成为一名既活泼开朗又不失踏实稳重,符合党员要求的大学生。党员这个崇高的称号,不仅仅是一种荣誉,从根本上说,它更意味着是一种责任和使命。我们所处的是一个变革的时代,我们这一代又是继往开来的一代,肩负着祖国和人民的重托,建设强大的国家的任务落在了我们的肩上。要担起如此的重任,就必须学好每一门功课,掌握牢固的基础知识,用过硬的本领,过硬的素质来迎接未来的挑战。

曾经的辉煌只能代表过去,它连同昨天一起定格在了我们的记忆中,未来的美好还要靠自己的双手去创造。面对新的征程,我相信自己会一如既往,发奋图强,不断创造新的辉煌!

将苦涩酝酿成芬芳

马赛

【个人简介】马赛,男,长赤中学高 2015 届实验班学生,2015 年考入武汉理工大学。

【求学经历】

时光匆匆,我们渐渐长大,高中生活转瞬即逝,就像一个步履匆匆的行人,从清晨出发走到了黄昏。高考已成为过去,一个学期的大学生活也已结束。闭上眼睛,静静想着我以前所走的路,充满欢笑也充满泪水。高一的无所事事,高二的成熟蜕变,高三的心如止水。时光飞逝,一个转身,三年就这样度过了,化为永恒的回忆。

还记得当初自己一个人提着行李独自站在学校门口,怀着对高中生活的向往走进校门。我心中想着,我全新的高中生活即将开始,离开父母,以为自己很独立,什么都行。然而,伴随而来的却是一个又一个困难,这时我才知道,过去那些引以为傲的生活技能显得那么的微不足道,当初的傲气也被磨的一干二净,终究还是太年轻。在这里,我需要对自己负责,在这里,我学到了"责任"二字。

高中学习生活即将开始,我早已规划好了一切,我要怎样学习,我要取得怎样的成绩,我满心期待。然而,繁重的学习生活刚刚开始,我就感到力不从心,不适应作息规律,每天上课都昏昏欲睡,下课过后也不去弥补。枯燥乏味的学习内容也让自己无心学习，整天不知道干什么，无所事事。高一过后，面对惨淡的成绩，我才发现当初雄心壮志的自己早已不见，我丢失了自己，也辜负了老师。

高一的暑假，我看到这样一段话："每个人在不同的阶段都会有一个与之相对的蜕变，就像毛毛虫一样，在经历一次又一次的蜕变之后，才会变成蝴蝶。"我相信我也会蜕变，我也会有闪光的时刻。只不过我现在正在通往自己理想的道路中而已，我终将会蜕变成心中的那个自己。刚经过一年的学习生活，就发现了高中学习生活的苦、学习的累。成功之路必定布满荆棘，既然选择，就要坚持。我清楚明白自己是一个高中生，一切应该做与不应该做的，自己心中都应该有数。

每天都会听见别人说：读书多，成绩好对将来并没有什么用。因为现在学的在以后的生活中很少用到，何不趁现在轻轻松松地享受这三年的青葱岁月。是的，我也曾这样认为。每次面对理想的自己与现实的自己，我也有过动摇，也曾想要放弃。但是，自己选择的道路哭着也要走完，我相信付出总会有收获。经过大学一个学期的学习，我有了我自己的观点，我也相信我当初的选择并没有错。虽然我也认为一个有用的人，有作为的人，有思想的人，成绩所占的比例实在太少，许多事情必须亲身经历，自己琢磨、自己面对，这些都是教科书上不会教给我的。然而，成功的许多重要因素，如思维、思想、学习能力，这些却是在学习教科书的那些年所形成的。就像现在，高中所学的知识早已忘记，就是当初觉得很简单的东西现在也不一定会。整个三年所学习的内容没有剩下什么了，然而却有一样东西永远的留下来了，那就是思维能力、学习能力。

想着高三时每天六点起床，时间安排得满满的，我总是幻想有很多时间给我睡懒觉、玩。然而，现在不需要我这么早起床，但是，我仍旧每天六点起床，每天把时间排得满满的，生怕时间浪费。以前的学习习惯全部保留，还有那一份学习的精神永远督促着我，每当现在想要退缩，一想到高三的干劲，所有的痛苦都烟消云散。我的思维、学习能力正是在学习中不断完善，不断提高的。这些正是在我以前的学习中不知不觉慢慢形成了。人与人之间的差距也就是一天一天慢慢拉大的。或许我所学的知识，我所读的书对我未来工作生活没有什么直接作用，但是，这其间所形成的思维、学习能力是我以后一定会用到的，这对以后的发展也是很必要的。

高中的学习，让我找到了适合自己的学习方法，这些方法对我大学的学习生活一直有用。我觉得自学和超前学习是很重要的学习方法，自学可以提高自己的自学能力，同时能够锻炼自己获取知识的能力；超前学习，永远赶在老师的前面学习，能够提前发现自己的问题，便于上课时确定听取的重点，特别是复习的时候，这是一个很有效的方法。积累本和错题本在学习中必不可少。积累本用于积累选择题或者大题的一些零碎的知识点，特别是生物和化学；错题本记录错的题和错的原因，并且用不同颜色的笔标记，以便很好地帮助自己查漏补缺。高中学习离不开做题，特别是物理和数学，虽然说不提倡题海战术，但是做一定量的题却是很有必要的,做完之后给题目分类并总结,可以按题型分类也可以按知识点分类,考试前只需要看这个本子就可以了。最后心态很重要,保持积极向上的心态,考试过后不论好坏保持一颗平常心,还有学习上面不要有畏难情绪。不要觉得这个内容很难就放弃,其实最后想想也不过如此。学习方法是会陪伴自己整个学习生涯的,甚至在以后生活中,有些方法也同样适用。

总之,高三注定是一段难忘的回忆,也许当初处于高三的时候并不会觉得这段时间有多美好,然而,当真正经历过后,蓦然回首才发现高三的岁月是如此美好。然而却再也回不去了,只能是想念。

回首过去,高中不仅仅是奋斗,更多的是成长。我学到了很多,我也收获了许多、失去了许多。成长或许本身就是一种痛,但是成长也是一种蜕变,经历磨难才能破茧而出。曾经看似苦涩的日子,而今早已酝酿成芬芳。每当夜深人静,每当独自一人,我常常陷入回忆,甚至在睡梦中也会梦见那时的自己。

心的高度决定人生的高度

孙全才

【个人简介】孙全才,男,高 2015 届实验班学生,2015 年考入山东科技大学。

【求学经历】

我是一个来自四川偏远山区的农村孩子,但是我像许多人一样拥有着远大抱负。生存或者毁灭,这的确是我们应当思考的问题,既然选择了生存,那我们存在的意义又在何方? 是浑浑噩噩地过完一生? 还是不断地追寻自己心中的目标? 我坚信着每一个人都有他的价值,只是或大或小! 而我们学习的过程就是蓄积力量的过程,只有力量达到一定程度时,我们才会有质的变化! 自己应有的价值才能得到体现!

在我看来,对学习没有激情的人无非是两种人:没有目标的人和看不到知识真正力量的人。目标对一个渴望成功的人来说,是重中之重。只有当一股力量集中到一点时,这股力量才能最大程度地发挥出来,而这个点便是目标。当你没有目标的时候,你只是一个迷茫的存在,或许你都感受不到自己的存在。给自己一个目标,定位自己的人生才是成功最关键的一步。知识真正的力量是无可估量的,在我看来,知识就是对世界规则的总结归纳,掌握了知识就相当于掌握了世间万千规则,掌握万千规则就等同于掌握了世界。我们每个人都有掌控世界的可能,能否掌控世界完全取决于你是否有那份胆量和决心去将这个可能变为现实。

由于家庭原因,我从小就学会独立自主地安排自己生活,这也为我在学习方面的成功打下了基础。在初中的时候,我是一个比较偏爱理科的学生,总是爱把学习英语的时间拿去学习理科,为我理科打下了坚实的基础,同时也导致我后来出现偏科的现象。但在后来不断学习的过程中,我发现一个真正成功的人,应当学习身边一切能够学习的东西。至此,我便开始了自己刻苦学习的生涯。

学习中要善于总结经验,归纳出一套属于自己的方法,我高中初学英语的时候,最大的问题是不知道重点,虽然老师可以帮我,但老师在一定时间内也不可能面面俱到,大多数时间我都要学会独立自主学习。对于英语的学习,我是从往年考题和较权威试卷中去总结重点词汇、短语和语法的,同时结合课本延伸,拓展知识面。总之,学习是一个思维发散的过程,而非完全按照课本学习,真正的重点知识有时候是需要自己归纳总结的!

就我而言,大学阶段才是学习生涯中最重要的阶段。它教会你如何在社会中为人处世,拓展我们的眼界。在大学中我们可以学习许多的专业知识,真正地将我们所学运用到生活实践中。大学里的努力对我们的未来的影响也是不容小觑的。总之,我们之所以努力,并不是因为有千万个奋斗的理由,而是因为没有一个堕落的借口。

宁静方能致远

张德海

张德海

【个人简介】张德海,男,2013 年毕业于长赤中学,现就读于北京交通大学电气工程学院。

【求学经历】

2013 年 6 月 5 日这天清晨,天空零星的飘洒着雨花,我和众多学子一样坐上开往城里参加高考的汽车,前来送别的父母挤满了校门内外,占满了半条街道,此景真可谓是可怜天下父母心。心里想着:这次,我一定要对得起老师,对得起父母,对得起自己三年来不懈的努力。

然而高考后的我并不是很高兴,果真出成绩那天晚上,结果令所有人大失所望,更是让我伤心不已。我突然觉得老天是那么的不公,自己那么努力地付出,最后却未能得到相应的回报。不甘心的我最后选择了复读。

复读的时间过得特别快,在这一年里并没有什么大起大落的事情发生,我的成绩也还算稳定。我也一直很平淡地看待着我的成绩,无论分数高或低,我都以平常心对待。对我来说,高考不是一定要考得非常高分才行,而是只要能把自己所学的和所掌握的不遗余力地完完全全地发挥出来,那么就算是尽到自己最大努力了。

第二次高考的结果虽然没有期望那么高,但我并没有懊恼和怨恨。因为我觉得这已经是我最努力的结果了,没有辜负老师和父母的期望与关心,也没有白费自己曾经挥洒过的汗水和泪水。

愿广大学子在求学的路上,都能时时刻刻保持一颗平淡的心,做到心如止水,不以偶尔一次考好而骄傲,也不以某一次考差而气馁。我相信,只要学到我们该学的,掌握该掌握的,皇天终不会负有心人的。

紧握梦想的方向盘

王家冬

【个人简介】王家冬,男,1994 年 8 月出生于四川省南江县侯家乡,2013 年毕业于长赤中学。现就读于长安大学环境科学与工程学院水文与水资源工程系。在校期间,荣获各类荣誉称号及奖项 20 余项,综合量化排名专业第六。

【求学经历】

初中我就读于长赤中学初 2009 级 3 班,在班主任岳瑞良老师和赵忠秀老师的悉心教导下,我以优异的成绩考入长赤中学特优班,就读于高 2012 级 12 班,经过 3 年的学习,我未能考到理想的分数进入自己心仪的大学,在老师和家长的建议下,我选择了复读。复读这一年我觉得最重要的是心态的改变,以前我在高三紧张复习的时候,反而找不到方向不知从何入手,每天心里都很浮躁,甚至一度怀疑自己。所以我的学习状态一直都很差,高考的时候也没能取得理想的成绩。复读的一年马上又来了,这一次我有了方向,清楚自己应该怎样才能取得进步。我变得不再浮躁,知道学习才是自己唯一任务,也对自己有了必胜的信心。这一年,我没有以读"死书"的方式进行,我知道这样的效率很低,在学习的时候我会很注重效率,学习之余我也会主动学习别人的成功经验。现在都觉得那一年和同学一起聚餐、一起野炊、一起踢夜足球让人回味。高三的复习是很辛苦的,必须保证休息的时间。我往往下午容易疲劳,所以不论中午时间多么短我都会休息,以保证下午精力充沛地学习。在学习上,老师会给我们安排最有效的学习进度和方法,所以跟着老师走是准没错的,也是最有效的。老师讲解的题目要完全弄懂,老师安排的任务一定要完成而且要完成好。无论是基础还是强化都要认真听老师的讲解,在我看来,只要是学习都得跟着老师的安排走不论什么阶段。经过又一年的奋战,我以优异的成绩考入了长安大学。我能有现在的成绩,与我的母校长赤中学密不可分,与自己的两位班主任、各位科任教师以及学校的领导老师的教育分不开。回想起那个曾经我学习、生活过 7 年的长赤中学,心中感慨万千,昔日的场景历历在目。现在,每年回家我都要去长赤中学看看,看着日新月异的母校,心里由衷地高兴。

亲爱的学弟学妹们,很高兴能有这样一个机会和大家分享我的成长历程,在此,我想结合我自身的情况和大家分享几句:

(1)充满自信。大学并不遥远,在自己的努力下,都能考入理想的大学,我们要自己相信自己,这样别人才能相信我们!

(2)讲究效率。没有效率的学习就是在浪费时间,当自己的效率低下的时候可以停下脚步或者转移注意力。

(3)长期学习。学习是终生的事,并不是考上大学就万事大吉,在国外是越长大越努力,以如此心态去准备高考,也许会有不一样的效果。

（4）踏实努力。无论你有多么聪明,要想取得成绩,就离不开努力付出,天上不会掉馅饼,你要记住,只有通过自己的不断努力,才能达到自己的目标。

（5）戒骄戒躁。在遇到挫折时,我们要积极乐观,愈挫愈勇;在取得成功时,我们要戒骄戒躁,再接再厉。在高三复习阶段,我们或许会因为自己的暂时落后而感到焦急,这时只需专注地学习,从基础一步一步踏实走过。这样你的人生才是可持续的,才能走得更远。

（6）全面学习。就算在学习压力很大的高中,我们也得有一个好的身体,也得学会处世之道,也得知道时代的方向,因为我们是充满希望的一代。

不读书,我还可以做什么

罗欢

罗欢

【个人简介】罗欢,男,1994 年 10 月出生于四川省南江县付家乡,2012 年毕业于长赤中学。就读于西北工业大学机械电子工程专业。现已经签约北京精雕科技集团有限公司。

【求学经历】

21 年前,我的出生给一个贫困的家庭带来了一丝喜悦,虽然我生长在那个封闭的山村里,但是我从小就没有因为穷而感觉自己和别人不一样。教育在父母的眼里格外重要,他们只想让我以后可以过一个不是面朝黄土背朝天的生活,让我可以过得轻松一点,可以有更多的时间去享受生活,而不是疲于养活自己。对我而言,其实一开始对读书并没有那么强的兴趣,只是觉得自己学的好,考的分数高可以受到老师和同学的喜欢,父母也会感觉自己的孩子有出息,对得起自己的辛劳。从初一开始,我就变成留守的大儿童,说是"大儿童",是因为我总感觉自己长不大。从一开始不习惯的十个人一起住一间,一周四十块钱的生活费,捧着个大洋瓷碗蹲在食堂前面台阶上开心地吃饭,到后来可以八个人一起吵吵闹闹地度过那段让人怀念的时光,虽然那个时候很害怕赵老师晚上查寝室的敲门声，到最后高三时光可以在外面租个房子，和几个有梦想的兄弟一起走完中学最后的时光，长赤中学给了我充实、幸福的六年时光，见证着自己的长大，见证着自己一步一步的努力，也见证了自己努力的果实。一路上有那么多老师的陪伴，那么多同学的陪伴，有开心的、有伤心的回忆，酸甜苦辣咸不就是生活的味道吗？

其实我觉得一个人最需要明白的就是知道自己想要的是什么，这也是最难明白的东西。因为奶奶的去世，我曾经一度觉得自己一定要学医，当一个好医生，可以挽救许多人的生命，以至于高考志愿的三个平行志愿都是填的医学相关专业，我想要不是西工大，我可能现在正在学医的路上。我想这就是命运的安排吧。上大学的这三年里，前两年的我可以说就是处于一种迷茫的状态，周围的人做什么自己就做什么，玩航模、玩舞蹈机器人、玩节能智能车、做公益、去附近山上的小学给小朋友上课，也参加相声社，跟着老师学绕口令，然后不知道怎么我又开始弹吉他，到最后什么也不会，一起做航模的人做起了航拍团队，生意越做越大，玩舞蹈机器人和节能车的也获奖保研了，做公益的人也成立了自己的团队，受到了很大的关注，把公益当作自己的事业。虽然大家做的事情都一样，但总有一些人做得比自己好，我们在羡慕别人比自己聪明的同时，往往忘记了一间重要的东西，那就是我们没有他们对于一件事的热情和专注度，他们愿意舍弃一些东西来把这件事情给做好。其实很多时候，并不是因为我们自己笨,而是因为我们自己不想学,不想去思考,渐渐地就失去了掌控大局的能力,然后就自暴自弃,觉得自己一文不值,破罐子破摔,烂泥扶不上墙。

不要以为别人考上清华北大就是运气好了,那都是别人辛勤学习的结果。当你在早自习浑浑大睡的时候,别人正在认真地记单词、背作文。当你在上课开小差和别人聊天的时候,别人正在认真听讲,做好笔记。当你拿着参考答案随便完成作业的时候,别人正在归纳方法,总结解题过程。当你以 60 分的态度对待事情的时候,往往是不及格的。

不管你将来想做什么,读书总是有用的,虽然大家都说现在的高考制度太过于残酷,太过于死板,但对于我们生长在大山的孩子来讲,这可能是最近乎公平的竞争方式,也许只有在这个平台上你才能与那些有巨大背景的对手一战,去争夺那个更好的教育机会。我总是在自己颓废的时候想起自己曾经高三学习的时间,可以每天晚上十点放学回去做一套理综试卷。疲倦的时候,脑海里总是回响起一个声音:不读书,我还可以做什么!

初中时候的我,其实是一个极其内向的少年,因为我不爱说话,老师好像也不太喜欢我。但让我改变的人就是谢杰老师,不管多累,他都会不定期地和我们全班每个人单独谈心,可以和他近距离的交流。怕老师可能是每个学生都会有的心理反应,但是当我打开这层隔阂的时候,就会发现自己好像不一样了,不害怕和别人聊天,突然变得外向了。作为学生,我们往往会害怕当着同学的面向老师问问题,害怕别人觉得自己特别装,故意装作自己多爱学习的样子,然后我们就把一个又一个的问题藏在心里,堆积成山。良好的学习方式就是敢于提问,你是为了自己,管别人怎么想,作为老师也是很希望能有问题的出现,可以及时反应自己讲课的效果,也可以加深和学生之间的沟通,而并不是自己一个人的表演。知之为知之,不知为不知,是智也。不懂就问是每一个读书人应该有的素质,也是提高自己沟通能力的方式。这个在找工作的时候体现的特别明显,大家成绩差不多,但是有些人的薪水是有些人的一倍。一个好的工作,都是要在 HR 面前不断去体现自己的价值,不然别人为什么要你不要别人,守株待兔已经是不可能的了。

不管曾经多么的辉煌,或者多么的悲惨,那都是过去了的东西,把握当下,珍惜现在,做好自己该做的事情,将来就会有一份满意的答卷。

感谢长赤中学六年的培养,感谢自己两任班主任(谢杰老师、何冠男老师)和所有科任老师悉心的教导。祝愿自己的母校可以越来越好,长赤中学学子越来越优秀。

长赤中学：梦想起航的地方

姜良辉

姜良辉

【个人简介】姜良辉，男，2017 年高考考入合肥工业大学。

【求学经历】

回首那几年，那些青涩的记忆仍不时浮现在眼前。那些充满着欢声笑语的教室，那些埋头书写的青春，在黑板上粉笔划过的痕迹，都是岁月留给我的珍贵回忆。

我于 2013 年 6 月毕业于天池九义校。同年 9 月，我怀着无数憧憬来到了长赤中学，在这里的四年，长赤中学给予我的不仅仅是珍贵的回忆，还有那些贯穿我整个青春的知识，与此同时我也见证了母校的成长。

四年前我以中考成绩 585 分考进长赤中学，当时这个分数在同届是很靠后的。但是我并不相信我的学习能力不如他们，也不相信智商低于他们，因为高中是一个新的开始，对于每个人都将是崭新的舞台！从那以后，我一直用我的努力与成绩去证明自己。高一上学期的时候，初来乍到的我被分到了文科班，在初中时就已经笃定要学理科的我明白，文科班的课程占大部分，所以每次上数理化这些课程的时候，自己丝毫不敢浪费课堂上的每分每秒。尤记得高一的那段时间，生物总是徘徊在及格线以下，而且综合成绩一度跌到全年级 700 多名，甚至是高一期末的理科成绩只有三百多分。

文理分班后到了黄老师所带的班级。关于黄老师，可能全校无人不知无人不晓吧，因为他的管理方式可谓是出了名的严厉。让人印象最深刻应该是他的眼睛，因为他的眼睛看向你的时候，仿佛能够穿过你的身体直达你的内心深处。上课时，他的眼睛会不时地扫向班上每一个人，虽然刚开始自己也有些发怵，但是渐渐地我明白黄老师的管理方式只是单纯地希望我们能够更好地学习，而且我也非常庆幸能够分到黄老师的班上，因为当初自己的散漫与调皮，我差点与这所美丽的长赤中学擦肩而过。高中的那些日子里我很庆幸有那么一个人能够在我松懈的时候，提醒我、帮助我并给我足够的学习动力。而且也让我明白，在学习这条道路上老师扮演的只是引路人，身后的那些路全部都要靠自己。

我并没有什么别人口中的学习天赋，我的所有成绩都是靠自己一点点努力换来的，比如当年一百多分的理综成绩慢慢提升到两百多分。高一、高二上新课的时候，任何简单的知识都必须做笔记，因为一个非常简单的知识当你许久没有记忆时，你便真的忘了，上新课的时候不要对自己的记忆过于自信，这样只会让自己总是抱有侥幸心理，而当初我也曾因为偷懒没有做笔记尝到过自己种下的恶果。课后刷题也很重要，毕竟实践出真知。一次次刷题的过程，就是对自己检验的过程。做错的那些题都是你思想的漏洞,每一道错题都是你完成理想的阶梯。很多人都会有错题集,而我并不喜欢用错题本,因为抄来抄去太麻烦。错在哪儿,我就改在哪儿,必要时会在空白处写下自己认为的重点。考试的时候复习错题,能够提高自己做题思路。或许有人说这样的学习方式很苦,但高中的生活不正是这样吗?苦并且快乐着。当你从内心深处发奋要努力的时候,已经定好自己理想的时候,学习就成了一种完成理想的手段,而不是逼迫你走向社会的魔鬼。你不会再厌倦学习,反而是当你有一段时间没有学习的时候,你的心就会慌张,当你成绩再进一步的时候,你会觉得离理想又近了一步。

没有哪一条路是一帆风顺的,高三的时候,每一次的模考成绩总是一次一次地打击着我,那段时间各种情绪在内心滋生,我也有过幻想、有过彷徨,还有过内心的纠结与懈怠。就这样,我带着万般复杂的情绪度过了高三,当高考成绩下来时,我以三分之差无缘一本。一直都以一本为目标的我内心的第一念头就是复读。在那两个月里,复读和不复读似乎成了我思考的主题。志愿填好,直到录取通知书下来,我内心的不甘越发强烈,最终我下了一个沉重的决定——复读!看着曾经的同学一个个去了大学,复读并不是一个简单的决定。可既已选择了复读,便只顾风雨兼程。俯桌埋头,便是我复读的唯一格调。当高考成绩再一次下来时,570分,我已知足,并且以这样的成绩考入了合肥工业大学(宣城校区)的自动化专业。

　　回首这四年,我忘不了自己所做过的努力,忘不了当自己懈怠时那同桌努力的身影,忘不了晚自习时安静的只剩下奋笔疾书的声音,更忘不了老师为我们无私地奉献自己的青春。考入理想的大学,终归是愉悦的。长赤中学作为我的母校,我因此而自豪。她那高蓝的天空,那碧绿的草地,我回忆的思绪像塞外疾卷而来的风暴,我联想的激情像大海冲天而起的潮汐,激荡着我难以言传的缕缕诗情和难以忘怀的片片回忆。不可遏制地勾起了一串串扯不断的情丝。所有美丽的清晨和夜晚,在我的脚下默默地醒来、睡去。直到今天,伴随着夕阳与朝霞,我长成了一颗会移动的树。再次重温那些她给我的爱,我决心要像她一样,在岁月的风雨中,随意站在人生的某个角落,形成一片绿色的荫蔽。在此说一句感谢母校,感谢让我知道了学习的重要,感谢为我提供那些舒适的学习环境。

　　回首那是十七岁的梦,踩着单车,在单车的轮子上慢慢地流逝。十七岁的梦,是字典里查不到的伤心字眼,面对未知的前方,害怕伴随着期待和憧憬;那些最初的梦想,想飞却无力,但却一次次地激励着我去面对一切的坎坷,一路勇敢向前。好像只有勇敢的人才有一对隐形翅膀,才有可能飞起来,就像歌词写的那样——把眼泪装在心上,就会开出勇敢的花!

三、那些让我们感动的分享

高一"铁"高二"钢"，高三才能"响当当"

——55条最实用学习行动清单

高一学生必须把握的17条"铁律"

高一新生进入高中已有2个月了，我们首先从高中阶段的理解、高中学习的理解、高中学习与生活的安排和高中阶段你身边的人等四个方面，给高一生一些建议。

这是他们曾经忽略，而如今你们要把握的17条铁律。

对高中阶段的理解

1. 很多老师对你说，高中很累，大学很幸福，你们熬过去，就是未来。这种假话其实鼓励不到谁。其实，大学更累，只是累得不同，累得有趣。高中是最后一项任务单一的时光，努力学就能看到结果。大学选择更多，更复杂，很多人倒在了反复选择的路上，努力不一定有结果。

2. 高中的重心无疑是高考。高考是最后一次极其公平的考试，未来研究生考试，企业面试，都有太多的其他因素。而高考，你的努力决定你的大学。

3. 大学之间的差距是很明显的。那些告诉你就业后,"清北复浙交"和其余大学毕业的学生也差不多的,往往都是工作没几年的菜鸟。工作几年后,差距会越来越明显,越好的大学,未来的上限越高。下面是个有趣的现象:你听过"清北"之间互黑,但你没见过别的学校黑"清北"。没有国内 top1 大学,但是国内 top2 很明确,没有 top3 但是 top5 很明确。

4. 千万不要相信读书无用论。中国的任何一个时代,只有英雄不问出处,从来没有读书人不问出处。

对高中学习的理解

5. 高中学习,无论是容量、难度、强度,比起初中,都有显著地提升。从思想意识上,不能刻板地按照对初中学习的认识来理解高中学习。从方法论上,要调整为:摸索——调整——适应。直白说就是,高一,不要自以为是,先把自己摁在泥土里,慢慢爬起来。

6. 上课务必集中注意力,然后一定记好笔记,尤其学习一些比较难的内容时。遇到一些不懂的内容,不要马上就去问旁边的人,没有人来得及给你讲,你还会错过正在进行的内容。总有天才不记笔记,但你要坚信,你不是那个天才。

7. 要敢向老师和同学问问题,一不能容忍模棱两可的存在,一定要提问解决;二不要怕被别人嘲笑,过来人告诉你,真正厉害的人,从不嘲笑别人。当然,尽可能向老师提问,同学掌握的并不一定那么牢靠。

8. 一定有预习也有复习。预习时提出问题,上课去寻找答案,复习时归纳整理,明确哪些已经掌握,明确哪些还没完全掌握。总结归纳,是高中阶段最关键的方法。

9. 做题一定要扎实。尤其是大题,做出结果,"感觉会"和做出来,不是一回事。刷题不能靠眼睛刷题,一定要做。不怎么用草稿纸的同学,一定有问题。

关于高中学习生活的安排

10. 高中阶段的主业就是学习。这个想法要摆正,无论是社团、科创、运动还是娱乐,都不能影响主业。不要觉得,社团活动参加少了,能力弱了,进入大学后会吃亏。这些能力等进入到大学这个大染缸,只要你积极不排斥,能力上会进步得更快。关键是什么样的大学,大学决定平台高低和视野的开阔度。

11. 不是不让娱乐,而是一定要降低娱乐的优先级。没有什么必须要打的游戏,也没有必须要逛的街,娱乐只是为了调节更好的学习状态。

12. 无论学习还是娱乐,一定要有一个时间计划。计划不要定得太草率,并且一定要执行,学习计划要有足够的完成率,娱乐计划要说到做到,不能无限的后延。不能自律的人,大概率未来是 loser;自律的人,干什么都能成。

13.很多过来人或者老师,都和你强调平衡课内学习和课外活动的时间。其实更多的同学,时间的利用,根本就没有到一个需要考虑平衡的地步,大量的时间还在浪费,没有投入到课内学习中。与其在活动和学习间权衡,不如少娱乐一点时间。

14. 如果总用"我才高一"掩盖自己的懒散,就算到了高三,你也紧张不起来。习惯是养成的,态度改变也不是一朝一夕。

关于高中阶段你身边的人

15. 高中阶段,是你去适应你的老师,而不是你的老师去适应你。那些走班制,给学生太多上课选择的学校,目前在高考领域,没有什么好成果。

16. 一定要有好的朋友,注意是有好的朋友,不是有好朋友。好的朋友,愿意分享,互相倾诉但不消极,积极向上,可以一同努力。不好的朋友迟早会把你带歪。

17. 父母,没有什么是不能和他们说的。你告诉他们的越多,他们越了解你的情况。而父母说的,你不用全部听,比如把你和别人比较或者他们的一些不合理的学习方法建议。

高二学生必须遵循的18条"铁律"

终于,你从"萌新"荣升为"腊肉",你的高中第一年是如鱼得水、学霸光环,还是仍在调整、努力适应?无论哪种,现在你正面临着一个全新的机会,亦是全新的挑战——高二。

或许刚上高二的你,正遭遇着渐渐变难的数学物理,渐渐逼近的升学压力以及越来越丰富多彩的高中生活。以下是过来人对高二生的 18 条小建议。

这一年,到底意味着什么

1. 高中三年的分水岭,就在高二。高一时,一切都跟新的一样,反正也拉不开差距。高三时,所有人都铆足了劲,想拉也拉不开差距。只有高二这一年,天时地利人和,都取决于你。

2. 高二这一年,你会面临越来越多的选择。无论是老师、家长还是你的同侪,他们能给的永远是建议。做出决定并面对结果的是你,也只能是你。想清楚自己是什么样的人,适合什么样的事。然后坚持住。

3. 不要觉得高二太早,一年后的现在你或许正为月考排名焦头烂额。不要觉得高二太晚,从现在开始,你还有两年时间超越梦想自己飞。不要觉得高二时间很长,等你回过头来,很多时间和机会早已溜走。不要觉得生活被学习填满,早已没有多余时间。你要相信,一年后,你只会更没时间。

这一年,你需要有的觉悟

4. 想好自己要走哪一条路。走竞赛的,你的竞赛成绩每提高一个等级,将来你可以选择的院校就能提升一个档次;走综合评价或是自主招生的,年级排名就会变得十分重要。毕竟,未来属于现在就开始准备的人。

5. "高考出黑马"是真的,"黑马永远是少数"也是真的。黑马脱颖而出的背后,是默默无闻、勤勤恳恳的付出,但在它脱颖而出之前,你不得而知。高考真的是一个特别公平的考试。你为考试付出了多少,你就能获得多少的回报。

6. 如果你不是经常遇到挫折,这表明你做的事情没有挑战性。

这一年,你需要做的改变

7. 你该构建一个成体系的错题本系统了。高二学习进度变快、知识点变难,整理错题可以加快加深你对知识点的消化,从而增加你的做题质量。不能仅是机械地将错题抄到一个本子上,而是要将错题按知识点分类整理。考前翻看,你会知道思维漏洞容易出现在哪里,在答题时去刻意改正。在考试前看一遍错题本,比刷一套新题一定更加有效。

8. 你该培养自己的应试能力了。应试能力的发挥,取决于你的习惯。只有在平时做题中养成细心审题、卷面整洁、想清楚后落笔这些好的应试习惯,才有可能在考试中稳住阵脚,甚至超常发挥。"平时当考试,考试当平时"是不准确的。只有"把平时当考试",才能"把考试当平时"。

9. 你该为高考做一些必要的积累,包括英语的词汇词组句型、语文作文素材等。积累这件事情,短期来看是低成效的,但长期来看确实是超回报的。

10. 不要养成拖延症,如果有,请改掉。有些同学想:到了高三,我再如何如何。但是,明明你现在就可以做这些事,为什么非要拖延一年时间呢?拖延,正在杀伤你的积极性。完成一件要事的最好办法,请立刻、马上、刻不容缓投入其中。

这一年,你的学习和生活

11. 高二这一年,很多学科都会上难度。不要一下被打懵了,先想想这个学科的特点是什么?你要相信,没有什么学习方法能一招鲜吃遍天。不要觉得那些总考高分的同学没什么了不起,他们一定有你所不知道或不愿意尝试的学习方法。对你来说,要么向他们偷师,要么继续忍受被碾压的乐趣。等到了高三,有方法的努力和没有方法的努力,差距就更明显了。

12. 不要对偏科洋洋得意,要把偏科扼杀在摇篮之中。高考高分的学生中,占多数的其实是一群"既没有明显弱势科目,也没有明显优势科目"的普通学霸。

13. 向规范答题要 10 分。规范化包括字体的大小、清晰度、卷面的整洁程度,还包括做题步骤是否规范完整,证明及解题过程是否严谨清晰。

14. 不要相信你对碎片时间的利用。得事先准备好填充碎片时间的学习任务,比如背单词、练字、背文言文。忽然有个空档,这些学习任务才能马上排上号。只有提前做好了时间规划,才不至于有太多无法利用的碎片时间。

15. 必须多锻炼,才能在睡眠不足时拥有足够好的精神状态;必须多锻炼,才能在换季感冒大爆发时保持健康不影响学习;必须多锻炼,才能在长时间高强度的脑力劳动中找到解压大脑放松神经的方式。不仅如此,越临近高考,你越会体会到,锻炼对你而言有多重要。

关于高二的"碎碎念"

16. 在高中三年,高二是最有利于打下坚实基础的时期。很多人犯下的错误是过度高估了高三一年的作用,认为高考和中考一样,只需努力一年,凭你的"聪明才智",就能傲视群雄。那些仅靠高三一年就实现逆袭的幸运儿,都有着相当扎实的高一高二基础。那些上了高三才在不同学科之间疲于奔命的倒霉蛋,无不深受之前缺漏的坑害。而绝大多数坑,都是在高二这一年时间挖下的、错过的、不以为意的。

17. 学习的过程一定是不快乐的。也没有谁是因为快乐才去学习的。我们快乐的源泉,是因为学习获得的成果,以及成果本身带来的成就感和满足感。你需要认真地去问自己,两年后的自己,究竟希望收到一份怎样的成绩单? 给自己一个具体明确的目标,围绕它持续地给自己更小的目标,这对你的持续学习非常重要。现在开始,还来得及。

18. 享受完高中最后一个国庆假期了,然后继续努力吧!

高三学生立于不败之地的 20 条"法则"

高三开学 2 个月,今年的最后一个长假也过完了,从"准高三"变成"新高三",从"新高三"变成"高三狗",高考君想认真地问:你快乐吗?

先别吐槽,在这篇文章里,给你们 20 条我对高三的小想法。

努力的重要性

1. 在人生的前 20 年,高三是你努力的性价比最高的时期。大学不能决定你拥有什么样的人生,但高中的结果能决定你进入什么样的大学。你挑大学时有多少主动权,去什么城市,读什么专业,能不能和某人念同一所大学,都取决于这一年的付出。其实上面一段,第一句话,只是不想把话说太满而已,如果大学不能影响你的人生,那国家那么努力搞"双一流"干什么?

2. 在人生的前 30 年,学历是一张很重要的入场券。"双非院校的简历直接丢垃圾桶"是真的,"从来没有 500 强企业过来校招"也是真的。说读书无用的人,多半因为读了无用书。说学历无用的人,多半因为拿了无用的学历。不然,"双一流"名单一推出,为什么争议和讨论那么大?因为很多企业的招聘,会给出一刀切式的政策。

3. 大多数人在 80% 努力的时候,就以为竭尽全力了。只有很少的人付出了 120% 努力,却觉得刚刚竭尽全力。高三还玩着游戏、追着"番剧"、逛街打球的学生，每天放学回家看半小时电视、睡前刷半小时微博的学生，比你想象的要多得多。光是在高三戒掉这些"爱好"，你就能超过很多很多人了。毕竟，只有超高分段，分数分布比较稀疏，剩下的，1分真的能超过很多人。

4. 高三一开学，很多人发现那些原来和自己差不多的人，忽然突飞猛进。千万不要觉得你比别人厉害多少，对于大部分的好高中，同学们的初中基础都是不错的，之前不如你，可能是不够努力或者没适应高中的学习方法。一旦他们开始努力了，一旦他们真正发狠总结归纳起来了，你又没怎么用力，那你一定会加深对"学如逆水行舟，不进则退"的理解。

5. 有些同学会感觉到，努力了却没什么作用。我们首先建立了你的方法不是很差的前提下，比如不是天才的你需要攻克解析几何和导数压轴题。你觉得题也做了，但是感觉考场上，还是碰运气，看看遇到是不是自己会做的。那只能说，你的努力还不够，你肯定没有集中性地刷解析几何、导数压轴难度题到一定量，你做的量不足以让你总结归纳出方法。不如试试刷200道导数压轴题。

关于心态调节的建议

6. 高三最大的敌人是心态，心态最大的敌人是波动。高三一整年你会经历十几二十场考试，能有一半完全考出自己水平就算不错了。考得好的总结经验，考不好的吸取经验，不断反思并反馈。这一整年你要做的就是：提高均值，减小方差。失败未必是成功之母，好的失败者才是。

7. 每个人都有心态爆炸的时候，没有在厕所痛哭过的人，不足以谈高三。但发泄完了以后呢？面前仍然是两条路，咬牙坚持和告老还乡。尝试用"防御性悲观"去对抗负面情绪。即便所有不利条件都发生能有多差，曾经最差的时候能有多差，现在只要我但凡改变一两个不利条件，就不至于沦落至此。想想有哪些自己能改变的，行动起来，让自己的处境远离最糟。当你已经退到南极极点，接下来的每一步都是向北。

8. 一定不要用无数个"如果"去吓唬自己。如果每个如果发生的概率都是某个"p"，无数个如果发生的概率就是"p"的乘积。学过数学都知道，无数个"如果"一定是小概率事件。但是这只是说给那些足够努力的同学。那些掌握不扎实，却妄图用"这个知识点考得很少，我不用掌握"麻痹自己的人，你没听说过墨菲定律么？

关于时间规划的建议

9. 很多人不知道高三的努力，什么时候是个头，或进进退退，或努力维持，不知道终点。高三本来就是一场没有进度条的 BOSS 战。与其纠结下次考试得前进多少名，不如给自己设立些"背多少个单词""刷多少道解析几何""整理多少个文言字词"这样踏踏实实投入时间就能完成的目标。用"主观目标"替换"客观目标"，让成就感和自我激励来得更容易一些。

10. 高三狗的时间一定是不够用的，永远在顾此失彼，永远在疲于奔命。重要且紧迫的事,马上去做。重要但不紧迫的事,计划去做。紧迫但不重要的事,能不做就不做。不紧迫也不重要的事,想做也不要做。分别对应四个例子:考试前抱佛脚,背单词看错题,老师忽然甩锅班级活动,番剧更新想刷。

11. 一只高三狗每天的学习时间在 14 个小时以上是正常的,15 个小时以上是普遍的,16 个小时以上也是存在的。但即便是同样的投入时间,效率不同也会显著影响产出。大块时间,如果精神好,做高投入高产出的事,比如刷题。大块时间,如果精神不好,做计划、做归纳,比如整理错题。碎片时间,如果精神好,做周期长高回报的事,比如背单词。碎片时间,如果精神不好,做低投入低产出的事,比如翻案头书。分别对应四个例子:听课与刷题、计划与归纳、有目的积累,无目的积累。

对于一轮复习的理解

12. 一轮复习的主要目的,就是密铺知识点。对于基础不错,但是高一高二学习不是很扎实的同学来说,这绝对是你最好的机会。留给你的时间不多了,到二轮复习再想逆袭,就难了。你要一点一点扎扎实实地总结、梳理,自己一定也要有一个复习的进度条。这个进度条,可能比老师的略微慢一些,但是每个你进度条过完的部分,你都要清楚地知道,哪些是你绝对掌握的,哪些还有一些小问题,积极提问或者补课去解决。要知道,这些小问题,可能就是你自己二轮复习的时候的重点了。

13. 语文、生物、化学三个科目,对一轮复习的你来说,几乎算是一个新学科。语文会重新按照应试的思路来重构你的知识体系。理综生物的细致程度使得对你的要求不再是"知道",而是精确地掌握、辨析和运用。理综化学的综合程度则会要求你能够同时调用不同章节模块的知识。

对这三个学科来说,一轮复习,你甚至可以当成一个新课来学,记好一轮复习笔记,做好归纳总结。有时候你会发现,高一高二的笔记和一轮复习的笔记比,货比货想扔。

14. 对于数学和物理来说,方法积累是至关重要的。比如圆锥曲线的中间结论(切线/割线斜率、弦中点、割线长等),比如导数恒成立问题构造函数的类型(总共有哪几种构造)。

事实上,如果你刷了足够多的题目,也会有量变到质变的过程。但如果你主动积累在方法本上,尤其是那些花了很多时间的、没做出来的、做错的题目,积累的速度就会更快,解难题就不再是靠灵感、靠尝试。

15. 对于无谓失分,也要有意识地去整理一下。哪些是反复做反复错的,哪些是出题人挖好了坑等你跳的。尤其是那些自己反复犯的低级错误,有老师经常说,就是不够疼,疼一次就彻底记住了。哪有那么多给你疼的机会,发现自己同一低级错误出现两次,你就该上你专门记录低级错误的本子了,你应该清楚,每个科目自己容易犯的低级错误有几个。每次考试前过一遍,避免再犯。整理错题从来不是目的,不再犯同样的错才是。

16. 一轮复习最重要的,不是考试也不是刷题。一轮复习最重要的事,是梳理完成自己对于某一学科的完整的体系,这个体系包含知识体系和方法体系。知识体系和方法体系之间的沟通是靠考点进行的。这些个考点考什么知识,用什么方法,是你一轮复习要弄清的事。

过来人的感叹

17. 一时鸡血是容易的,难得的是一直保持昂扬的斗志和坚定的决心。高三弄清楚这个道理,并持续给自己目标,持续动力满满、意志坚定的同学,现在感觉都挺厉害的,而且你会感觉到以后他们也会很厉害。

18. 大学了,总有人说,要是我当年怎么怎么努力,我也能考上 xx 大学。长期持有这种论调的人,一般属于现状还不错能接受,但是永远有一些遗憾,他们再也摸不到。你要去感受一下,他们说这句话时候的那种语气。希望你不是,如果你是,我想告诉你,工作后,还是有这样一类人说,要是我大学时候怎么怎么努力,我也能拿到 xx 的 offer。

19. 上大学前,每天都是两点一线,醒来就是上课作业考试,简直枯燥死了。上大学或者工作后,回头想想:枯燥真好!

20. 你可以去学习了!

花开不败

——一个复旦女生的高三生活

耿 烨

似水流年,花开花落,我们站在岁月的河边,看流水轻轻划过,河面上是落英缤纷,以及逝去的年华。

我不知道应该怎么写,准确地说不知道用怎样的文字把这一年的心情完整地串起来,让他们如同绚丽的水晶不失原味地挂在那,让你们分享,让你们明白。写下这个热的要命的八月的第一个字的时候,我突然注意到窗外成片绽放着许多不知名的小花,红的、黄的、粉白的、花花绿绿地漾在一起,满目漂亮的颜色。天啊,这些花是什么时候开放的?这样的如火如荼的势头应该不会只有几天的时间吧。

我不知道这一年里这些花儿是不是也这样漂亮的地放着,如果是,我想我应该感谢他们,我嗅得出空气里有许多甜美的味道,有一个很美丽的词突然冒出来:花开不败! 花开不败。花开不败啊!

我想我终于可以平静下来,告诉你们这一年里发生的许许多多的故事,我想无论将来再发生什么事情,这一年里的点点滴滴,滴滴点点,我是再也不会忘记了。

高三开始前的一个星期,开了一次家长会。那是一次很严肃的家长会,一次没有人缺席,甚至没有人迟到的家长会,老师在那次会议上调动起了家长们几乎所有的感情。高三的重要性自是不用多言,所谓"成也高三,败也高三",无论过去孩子们多么辉煌,也无论他们过去多么失败。班主任那么瘦弱一个小姑娘,竟然靠在讲台边上一讲就是斗志昂扬的 2 个小时,无非是让我们相信,事情都是有可能发生的。奇迹或恶果,都会在这一年里戏剧般的粉墨登场。

学校为了让每个同学清楚地了解自己在班级、年级甚至在区里、全市的排名位置,精心制作了一张高一高二的各科成绩排名表。现在想起来,我不得不承认那张表真是做得太精致了。每一门成绩的总分,标分名次,与年级里的均分对比情况,甚至还有精心设计的由此得出的成绩走势图,最后还附带综合名次的具体分析。密密麻麻地挤满一张纸,真可谓是煞费苦心。

父亲是阴着脸从学校回来的,情况如同我所估计的一样不容乐观:年级 290 名,可怕的位置。

"还有希望的。老师说的,什么都是有可能的。"父亲说他是相信我的,然而我却不知道是不是应该再相信自己一次。可是,已经没有退路了,我们是过了河的卒子,不能回头。

我唯有策马扬鞭,奋起直追,才对得起父母,对得起老师,最重要的是对得起自己。

11 年漫漫的准备期,终于到了要拉开战幕,拼命一战的时刻了。我必须和我的散漫、不负责任的过去说再见。

我在已经一败涂地的情况下仓促应战,然而战争已经开始了,躲都躲不掉。

高三真的很不一样。如果说高三题海战术的可怕还没有在这位恶魔登场伊始显露出来的话,那么高三所带来的改变首先是心理上的。你的脑中始终会有一根弦紧紧地绷在那儿,它无时不在,无处不在。上枯燥的英语课,你的思绪突然飘到窗外浮想联翩的时候,做计算量大得要命的纯属练耐心的"超级低级"数学题,你动了一点想参考一下别人答案的念头的时候,深夜 12 点强迫自己背长得饶舌的"人民民主专政"含义,背得脑袋如小鸡啄米的时候,那根弦"嘣"的就来了一个震耳欲聋:"都高三了,怎么能这么堕落!"然后,整个人一激灵,紧接着心脏狂跳不止,马上强打精神,继续应战。

在高三刚开始的那段时间,几乎每个人都踌躇满志地跃跃欲试,每个人都魄力异常地非复旦交大不上。我在床头贴上一张"杀进复旦"的特大标语,在每天早起和入睡前都大喊几遍,以增加自己那点少得可怜的信心。所有梦想都在高考的压力下抽象成了自己认定的那座神圣的学府,当时一听到关于复旦的任何消息,就立即热血沸腾,激动不已,仿佛所有东西都在那所学府耀眼的光环下黯然失色。

想着心中的梦想,祥林嫂般地嚷嚷着"我要××",那种心理和由此制造的一触即发的紧张气势,是不到高三的人所不能体会的。

来自高三的第一次真正的较量很快来临了。第一学期的期中考试,一次我们认为已经准备好却被杀的惨不忍睹的考试,我们的排名就如老师先前预言的那样来了个天翻地覆。班里许多以前名不见经传的同学如同一匹匹黑马,一下子就让大家大跌眼镜。起起浮浮,窜上滑下之间,很多人变的实际起来,北大的校门的确艺术的可以,但不是每个人都能够在那儿感受高雅的,粥少僧多的尴尬让每个高三学生在现实与梦想的巨大落差前狼狈不已。

我是极少数仍抱着幻想不放的人。请注意我用的是幻想,也就是那种在当时看来是绝对不可能实现的事,按理说,我这种在高一高二不争气地徘徊在二三百名之间,而在高三已经过了四分之一,却仍是保持小势头增长的人对复旦这样一所全国顶尖的学府是不该像这样再产生任何幻觉的。可是天知道我当时怎么就会有如此的革命乐观主义精神。我固执地抱着"每考一次,前进50"的念头,痴痴地盘算,傻傻地得意。

而后来的事实也证明,正是由于当初自己那种吓人的乐观,才有了执着下去的动力,才使绝对不可能的事逐渐地一步步闪现出希望的曙光。心理防线的牢固是能否在这场战争中战胜的一个极为重要的原因。

当时的我并没有意识到这种执着的有些傻气的劲头竟有如此大的魔力,只是一味地坚持"复旦"那个守了11年的抽象的名字,我甚至没有意识到要用什么样的代价去交换这个儿时就有的美丽概念,只是紧紧地跟着它,一遍遍地默念它。

我在毫无知觉的情况下用自己的狂妄换来了一丁点儿的优势,其实我并没有意识到,这的确是个不错的开始。

我去找班主任谈了一次,那个长得娇小可爱的女人味十足的老师一见我就柔柔地说:"这次考得不错,下次保持,华政可以冲一冲。"我到现在还想不通自己当时怎么就那么斩钉截铁,胆大妄为:"我要考复旦。"一向淑女气十足的老师竟也掩饰不住地张开了"O"字形的嘴巴,好在她很快顾及到了我的感受,继而柔柔地说:"那你可要更努力一些啊。不过,有希望的,有希望的。"我傻傻地咧开嘴笑。桌上有一束玫瑰开得正艳,红的像要滴出水来,朝气蓬勃地向上舒展着。阳光斜斜地射进来,照的初秋的办公室里一阵暖意。

现在想起来,那个老师轻描淡写的一句话给了我多大动力。且不说她的话里到底有多少肯定的成分,但那句"有希望的"却如同一盏明亮的花灯,在接下来的日子里始终不远不近地悬在我的脑子里,连带着那天桌上玫瑰香甜的味道,让我觉得整个人都暖和了起来。接下来的日子开始越来越平淡,越来越简单,单一的重复。

"玩的时候就拼命玩,学习的时候就拼命学习。"这是我们高三生信奉的一条颠扑不破的真理。

高考倒计时牌上的数字越来越小,我们已经没有时间了。老师向我们嚷:"该干什么就干什么吧。"我们没有像书上写的同学之间那样钩心斗角,大家在一起的时候总是快快乐乐的。无论多么苦,多么无聊,我知道,至少还有和我站在同一条战壕里的兄弟。没有那种在学校里装着玩,在家拼命用功的学生,因为没有时间也没有精力去准备那些虚伪的东西,没有人愿意那样做,坦白地说,是不屑去做。

后来有一天,不知是谁在教室里插了一捆新鲜的百合,粉白的那种香水百合,一整个秋季,教室里始终萦绕着百合恬静的味道。我们就不经心地在淡淡的香甜里一日复一日地演算,没有人去刻意注意那一捆恬然的百合,但它和它的味道却真真实实地深深烙在了每个人的心里。

我不知道该用什么词语来准确地表达那一阶段自己的感觉,可能是踏实吧。我依旧在每天早起和晚睡的时候大喊一句:"杀进复旦!",但却不再一遍又一遍地将"复旦"挂在口头了。每个人都小心翼翼地将梦想收藏在心底,用各自的方法尽最大的可能努力着,进步和荣誉这些缥缈的东西都是我们所不能抓住的,只有这一天天实实在在的日子是我们可以看到并握有的。我看得见我的同学们和我自己在这一天天朴实的日子里真实的努力,我的成绩就在这种踏实感中稳步攀登,一点一点不快也不慢地前进,这种感觉现在想起来,真是很好。

高三第二学期的日子较第一学期的平静有了很大的改变,增添了许多躁动和不安的成分,第一轮对知识的梳理和第二轮对综合题的系统掌握已经告一段落,第三轮紧张的考试和题海战术的轰炸接踵而至。

那真是一段难以形容的日子。课表改成了"语语数数外外自修自修"这样可怕的形式。

老师上课时不再帮我们概括什么,只是发下一沓一沓的各科模拟卷当堂测验。我不知道老师怎么会有那么多的考卷,每个区的每种考卷我们都要做一遍。还有别的市的,全国的各类统考卷,以及历届的高考卷,甚至连那些不知名的学习报上的怪试题也被老师无一遗漏地搜罗下来。一节课的就是小测验,两节课连在一起就是大测验,全年级统一的自修课就模拟考。所有的考卷都是算分的,老师来不及批的小测验就让同学们互相交替着批。分数于是成了这个冬春交替的忽冷忽热的季节里的最刺激人又最不值钱的东西。

那真是一种强有力的刺激。自己的实际分数和原先所设想的是一个刺激,别人的分数和自己的分数一比较又是一个刺激,而几次分数排成的总趋势则是一个最大的刺激,我在这一天几个的刺激中渐渐变得异常麻木,刀枪不入,在一次又一次的打击中"再重头收拾旧山河",在惨不忍睹的失败中锻炼和血吞牙的勇气和毅力,变得越来越沉稳,越来越坚强。那是高三最刻骨铭心的一段日子。

考试和分析成了生活中的全部内容。算时间做卷子,订正,分析,根据错题再做练习,反反复复。我们将"今天回去做 n 张卷子"改成"今天回去把这本书做掉",将睡觉的时间一拖再拖,将叫醒的闹钟越拨越早。

每天背 n 个单词,每天做 n 张考卷,每天完成 n 份订正。

计划表上涂得密密麻麻,每完成一样就用彩笔划去一样。那一道一道触目惊心的横杠和考卷上红艳艳的大叉子,滴零滴落地撒满了学校和家庭那条唯一看得见漂亮花朵的小路,像山一样高的发黄的纸页,浸在发霉的空气里缓缓地移动。有时候在家背书背的眼泪都要掉下来,书都想扔到窗外去,可是,只要默念几遍"复旦"马上就会平静下来,我载着沉重的脑袋,空白的心,心甘情愿地埋在那间要馊掉的屋子里一遍遍地"之乎者也,abcd"。我不明白我这么一个散漫惯了的人怎么会一下子变得这么正襟危坐,感天动地。

到如今,我坐在空调房里惬意地整理着高三一年的书籍,仍是佩服自己当时的毅力和勇气,几大本密密麻麻写满批注的笔记,半米高的每张都仔仔细细地做,仔仔细细地订正和分析的考卷,还有一本字典一样厚16开的数学经典习题,每道题都有四五种解法,被看了不下十遍。在那个冷得要命的冬日和气候怪异的春天里,我用皲裂的双手粗糙的笔迹一个字一个字,一道题一道题地编织着心中那个神圣又唯一的梦想,我想这就是高三所带给我的影响和改变吧。

成长的憧憬和怀念的天平,当它倾斜得颓然倒下时,那些失去了月光的夜晚该用怎样的声音去抚慰。——高晓松

老狼的歌我很喜欢,在那一段日子里,老狼让我安静,让我释然。我想如果要用一个人的歌声去给我的高三配乐,那么老狼很合适。平静下藏着波澜的声音。

我带着290名的耻辱,用一种破釜沉舟的心情和现实做最后的搏斗。我仔细审视了一下手中的砝码,什么都没有了,只有努力。我想,每个曾经拼搏过的高三生都体味过这种拦截所有退路的狭隘的美丽,都是在用

心感受最后的心情里的那种悲壮情怀。

填志愿是一件要命的事情,远比我想象的要复杂,让人受不了。

"保守,保守,再保守一些。"成了填志愿的首要原则。

我的处境有些令人绝望。全家上下那点可怜的背景不足以引起任何能人的慈爱的眷顾,自己的成绩又软弱得没有一点呐喊的能力。纵然是大半年的努力换来了年级前80名的稍稍靠前的位置,但在前几年290的阴影和复旦这道高不可攀的门槛前也变得怅然无力起来。最后,连校长也发话了:"你考复旦,只有30%的希望,要考虑清楚啊。"

那几日我的神经变得空前脆弱起来,在难以企及的梦想和相对保守的退步中飘忽不定,犹豫不决。

于是,我选择放弃;我不敢让复旦如同一个美丽的童话一样仅仅存在于口头,我不敢用不自信的鸡蛋去碰一下那块坚硬无比的石头。我无法忍受万一失败所带来的那种从天堂到地狱的绝望。我在全票赞成的欢呼声中,颤颤抖抖地写下了那所我想也没有想过的学校的名字,任"背叛"的字眼在脑中炸开。

交掉表格后,我一个人坐了2小时的车偷偷跑到复旦的校园里去坐了一个下午,去哀悼我梦想的破灭。复旦真漂亮啊。铺天盖地的杜鹃安静地在校园里醉人地开放。恰到好处地映衬着我想象中神圣,肃穆的校园。我的眼泪一下子流了下来。我不甘心啊,我不甘心一个做了12年的梦就这样被一张薄薄的纸所彻底打碎,我不甘心高三这一年来日日不顾一切的拼搏就这样被一句"保险"理由而葬送。我知道没有什么可以代替复旦在我心中的地位,若真是以高分进了其他学校的任何一个系,那种遗憾又岂是坐到复旦门口去大哭一场所能排遣的呢?

我知道那一个燥热无比的星期天的下午,对我而言意味着一种执着意念的胜利。现在想起来,那一个下午的宁静美丽的复旦,帮助我做出了一个属于我自己的多么重要的决定。

最后,我终于做出了属于我自己的决定——在所有人诧异的目光下要回了我的那张志愿表,郑重地在表格上工工整整地填上了"复旦大学"那四个令我激动的大字。那真是我 12 年来写的最舒服的、最漂亮的四个字,这四个字也是我这么多年来凭自己的意愿所做出的最重要的一个决定,是体现我人生最初分量的一个决定。

我要我所要的,纵使是在现实面前撞得头破血流,纵使是在高考考场上输得一败涂地,这是我自己做出的选择。正如学生,败在考场上。

下来的日子就再也没有什么值得书写的地方了。

拿到复旦的录取通知书后还是终于忍不住去看了那间熟悉的教室。五楼南边走廊向里的最后一间屋子。高三一年的青春从这里流走。讲台上的玻璃瓶里意外地插着一束淡紫色的勿忘我,嫩绿的小碎花瓣零星地点缀其中,轻轻地在风中摇曳。

高三的三百多个日日夜夜里的一点一滴,也正如一朵一朵姹紫嫣红的小花,开在每个人的心里。也许不是每朵花都美丽的惊天动地,不是每朵花都香艳得惊骇世俗，也并非每朵花都能结出丰硕的果实。但那些花的确真真实实地在每个人心中最柔软的地方绽放过一回，也确确实实留下过一些花开的甜香。这些花儿的影子连同高三带给我们的，是今天我们用来看世界的一双成熟的眼睛，这份刻骨铭心会影响我们今后在人生路上的每一个选择，每一次的决定。

花儿开过了。我们承认也好，忽略也好，只要花开，就会不败。

奇迹,就是为了信念牺牲一切

——一个考取北大生物系学生的高三传奇

高 策

【高策,2010年高考672分,北大生物系录取。高考成绩出来之后,我让高策写一写曾经的故事,算是给自己的高中一个总结,也给学弟学妹一点鼓励。几天之后他发给我这样一篇文章,读完之后,我热泪盈眶。他的文章里有自己刻骨铭心的故事,我的眼泪里有我和几十个孩子刻骨铭心的青春。】

To all those who said that I cant,I have proved once more,yes I can.

终于,我可以平静下来,在这样一个清晨,好好地回忆,细细地品味,那属于我的高三奇迹。

班主任的评语对我高三的上学期大致描述:你懂得胸怀天下却做不到卧薪尝胆,立志异常坚定却难逃现实诱惑,看得见远处的山却看不见脚下的路。有时把执迷不悟叫执着,有时把自我满足当自信,有时自以为是能够拯救别人拯救世界的万能上帝,到头来成了自身都难保的过河泥菩萨。有时是真正弱点百出还不以为意的"伪高手",有时是地道地荒废机会还自鸣得意的可怜人。看到这些评语,这些批评,我心里有恐慌,却更迷茫——我究竟该怎样做……

【这是我从教几年的学生评语中唯一一次这么"狠"地评价自己的学

生,而批评的恰恰是我最喜欢的学生中的一个。他几乎是我钦点的班长;他有很多看法与我异乎寻常地一致,虽然我没有当面对他说过;他曾经在寒冷的深夜与我探讨爱的问题,虽然我没有能让他接受我的观点,但是我依然欣赏他的思考;他也有着自己的大气与胸怀,我喜欢他们做的每一期墙报和班会,我喜欢他的文笔,也多次把他的文章作为范文;当然,这些都掩不住他的不足,他也在高三的时候为自己的习惯付出了沉重的代价。一直到今天我都相信,他的路原本可以不这么难。

我依然记得,我是下了多大的决心才给高策写下上面那些话,我记得,我几乎是用了整整两个晚自习,用了十多张答题卡来反复揣摩这些话。语气太重了,缓和一下,太缓和了,再加重。思考来思考去,我几乎选择了我能选用的最严厉的方式写下了上面的话,我的想法只有一个,我也相信他能理解,那就是——这些话不是无情地否定,而是狠狠地唤醒;而不是无情地放弃,而是坚定地期待,这些话不是结束,而是一个起点。】

千疮百孔的习惯让我的成绩从高二期末的年级第一跌到了四五十名的位子,不过那时的我依旧自信满满,觉得自己可以东山再起。

这就是高三的前一多半时间,在迷茫与挣扎中看着成绩下滑,看着北大远去……不得不提的是自主招生,现在想想,那真是一次梦幻般的影响我很久的经历!

凭借高二的成绩我走进了北大自主招生的笔试考场,上午的数学共四个题,交卷时我只做了一点点。若是搁在平时,下午的测试我一定会边做题变懊恼，接着一败涂地。可是这次，不知是哪里来的力量，我暂时忘却了上午的数学卷，一点一点答题，一秒一秒把握。走出考场，我知道自己希望不大，却着实为自己下午的沉着感到欣慰。压线通过笔试，正是对我心态的奖励，从那时起，无论上一科考得怎样，我都能坚强地努力到最后一秒，这或许远比通过考试要重要吧

【我不曾预料到他会面对什么样的困难，可我料想到了他的坚持。这也许是我下决心写下上面那些评语的最大的原因吧！】

接着的面试，我再次走在未名湖畔，呼吸着那让我陶醉的气息，阳光静静地洒在身上……直到后来，我才意识到那未名湖中的滑雪者，博雅塔下的读书人，给了黑暗中的我多么强烈的希望。

戏剧性的是最终我只获得五分的加分，老天开起玩笑怎么这么有意思，寒假的十天，我扔掉了所有的计划，不知所措地待着，就是待着什么都不做。做了那么多，花费了那么多时间，只有五分，值吗？我永远不会忘记许多人听到这"五分"的神态，那是一种听到冷笑话的表情，我只有以笑应对。可我不服，或许这五分就有用呢；或许就真的有用呢？

再开学，立刻到了"质检二"。理综的出现让局面发生了翻天覆地的变化。化学的优势发挥不出，物理的劣势暴露无遗。200 名，我忘不了老师气冲冲地拿着成绩单到宿舍指给我看："还没这么差过吧！自己好好想想……"刹那间，我感觉自己被压得喘不过气，咬咬牙，下定决心。我扔掉了手机卡，把 MP4 借给了同学，在枕头下放了三样东西：暑假买的《清华北

大不是梦》,在北大自主招生领取的《筑梦北大》以及北大的一组明信片。趴在床上,难以入梦。一笔一画地将耿烨的《花开不败》抄了一遍,希望自己可以像那个为了复旦牺牲一切的小女孩一样……

【在耿烨写成《花开不败》的那一刻起,这篇文章影响了多少曾在梦想面前困惑的孩子。在郭嘉逸的文章中提到她,在高策的文中里提到她,在无数孩子的青春记忆力有这样一篇文章的痕迹。而未来人们还会记住郭嘉逸的《从一个自己到下一个自己》,也会记起这一篇《奇迹,是为了信念牺牲一切》。】

每天走在路上,眼前总是黑压压的一片,看不到一丝阳光,晚睡早起的生活导致了身体的问题,脑子里总是跟糨糊似的,还不时地干呕。但我不能松懈,该吃药吃药,吃了药还得玩命啊……每天在宿舍"加班",觉得夜好静啊,只听到自己的心跳。那是一段忘记了开心的日子,也是我最怀念的一段时光。

抱着破釜沉舟的勇气我坚持了一个月,结果却是在"一模"时由低谷跌落深渊。570 分、283 名,按往届的成绩看,这刚够一本。距高考还有 54 天,我真的想放弃了……有气无力地看着试卷,可怕的是我没有那种"收拾旧山河"的勇气与激情了。

多谢我的朋友,用一张纸,一段话唤起了我内心的希望:"把每天当成终结前的最后礼物,把每道题都当成训练能力的必备武器,即使明天天寒地冻、路遥马亡,也必须为了必须,到耀眼的地方去!"是啊,还没结束呢,真的,还有可能大逆转。

【我记得我曾经让他们看马云的访谈视频,也曾把马云的那句话告诉他们,他们也一定都记得,那就是"今天很残酷,明天很残酷,后天很美好,大多数人死在明天晚上,看不见后天的太阳"。是啊,努力容易,坚持难;坚持容易,遇到挫折打击、甚至是反复遇到挫折和打击仍旧坚持就更难。我对现在的学生说,如果你一直努力,却要在往后的第十次考试的时候能换来胜利,你愿不愿意为它承受前九次的失败? 还是在其中某一次失败的时候就举手投降? 回答是一回事,做到是另一回事。而那第十次考试也许就是高考!】

那是一个见证我内心成长的下午,一个人坐在窗户旁,发声地再一次读了那个坚强的复旦女生留给我们的财富——《花开不败》。日记本上我有力地写着:"我可以一落千丈,我偏要一鸣惊人。一天超越六个人,杀进北大。"现在看到这些话,仍是很佩服自己当时的勇气,怎么就那么相信奇迹! 正如柴静所言:失败不是悲剧,放弃才是!

按照正常的情节,我应该成绩回升。可现实终究是现实,"一点五模"年级 233 名,据复读生说,这样的成绩没戏了。没戏了吧……

那天上完第一节晚自习后出去跑步,发疯一样。回来看到了发下来的化学卷子。看着接近满分的卷子,我对自己笑了笑。接着发现卷子的最后有化学老师的一句话"你还是那个优秀的你!"还有人相信我,老师没有放弃我。一瞬间,我感到莫名的感动。趴在课桌上任眼泪肆意,那是在最黑暗的时候看到的光芒,哭过后的我轻松了不少。不管前面是什么,我都要以最饱满的热情,最昂扬的斗志,最刻苦的精神,最坚韧的毅力,全力以赴! 输输输,输到赢为止!

【有的时候老师无心的一句话都可能在学生心里留下深深的烙印,无心的鼓励可能种下希望和力量,而无心的否定也可能带来失落甚至是仇恨。一次一个学生给我留言说,说我的一句话给了她很深的影响,这句话是"就算是你有99%的好,也不能放纵1%的不好",可是这句话我早就都忘了,不知道是什么时候说的话了。在那个高压下的时期,一句否定的话就可能摧毁一个前进的就会,而一句鼓励的话或是一个信任的微笑就可能成为燎原的星星之火。老师啊老师,我们是每时每刻带给人影响的人。】

影响很深的是一天在宿舍,隔壁班的一个哥们来聊天。言谈中,我不自觉地流露出沮丧,他送我这样的一句话:高一高二,你一直是在前面,没受过打击。我是一直被打击,从未被打倒!

【从这里我们是不是也可以看出班风的重要? 是不是也可以看出朋友的重要? 如果这个时候听到更为沮丧的话,又会怎样?】

一天天重复的日子,通向了"二模",冲到了年级70名的我却怎样也高兴不起来了。马上要自由复习了,物理60分……向物理老师求助,经验丰富的他告诉我这一阶段物理不太可能有大进步了。老师说的没错,但是不是没有可能啊! 我不服,我知道我有多好,走着瞧!

【有的老师对学生说要重视高一,高一不行以后就不行了,有的说重视高二,高二不行以后就不行了,有的说重要的是高三一轮复习,一轮不行以后就不行了,可是我要说,我们理解这些话的用意无非是想让学生重视当下,但是请不要再无心地摧毁了孩子对未来的期待。我们不相信"高一决定论""高二决定论""一轮决定论",我们鼓励珍惜每一天,我们也欢迎每一个迷途知返的孩子,我们相信所有的努力只要开始都不晚。而只要坚持,总会好于放弃希望。在成功面前,没有"不太可能",也没有"小可能",只有百分百坚持与百分百放弃。】

距高考还有19天的时候,我将战场搬到了自习室。那里都是学竞赛未成的战士,我和他们一样,无路可退了!每天都在想着那些分数,语文120,数学140英语140理综275加上5分,够了,到北大了……白日做梦可以,不过要梦得有价值,梦是可以带来动力的!我在桌子上立了一张纸"神挡杀神,佛挡杀佛!"像一匹饿狼,不顾一切地发疯一样冲向北大。

【在25班教室的墙上,贴着每一个同学高考的目标,高策的那张纸上写的是"博雅塔前求博雅,未名湖誓闻名",高考前离校的时候,很多同学收拾了行李匆匆走了,高策走到那张纸前,认真地撕下来,装在包里带走了。后来我想,那一刻是不是也是一个预兆?】

"二点五模"时到了年级30名,正如我"一天超越6人"的誓言。谁让你给了我一点希望,我会不留余力!最后的十天,宿舍只剩我一个人了(他人已经保送或者留级)。那位保送清华的"神人"临走时说:"你们会考得很好。""我会的。"我心想。

把三年的东西全捋一遍,心如止水,最后的战役,蓄势待发。值得一提的是,得知考场上有我的两名好朋友时我写了一篇文章,题目是《大获全胜,不可逆转》。

临走前的晚上,班主任到我宿舍微笑着拍拍我肩膀说:"你的成绩呈一个 V 字,希望高考时你会再回顶峰!"

【那一刻我依然记忆清晰,我走在学生的宿舍里,微笑着对每一个孩子说了鼓励的话。走到高策面前的时候,他还有些不好意思地低下头收拾东西。我知道我们之间已经有了太多关于成绩的交流,我相信他心里应该早就知道我的话。我对他说出上面的话的时候,他还用很小的声音说"会的,一定会的",像是在回答我,又像是在自言自语。】

一切,定格在捧起通知书的时候! 672 分,加五分,北大我来了! 亲吻着手里的宝贝,突然想起我的物理,110 分!

这时候我才明白,原来这一年是这么的奇妙。奇迹,就是为了信念牺牲一切!

【回首这一年的青春,竟品出了悲壮的味道。坐在办公室里,我又一次满怀感慨,坐在北大燕园的高策会是何感受呢,坐在教室的学生和坐在电脑前的你又是如何? 再回首,我们是不是也发现,牺牲的其实并不是一切,谁说这牺牲不是一种赢得呢,赢得的太多太多,我们每个人都有可以创造奇迹的岁月。】

注:以上宋体是高策的文字,括号内仿宋体是我(高策的老师)的感受。

人生很贵,请别浪费

武汉六中教师　杨幼萍

各位同学,大家好! 今天我很有幸在这个特殊的时间节点里,在这里跟大家聊一些我的想法。

同学们,两年前,当你们初来这里,你的一只脚就已经迈入了大学的门槛。的确,你们能站在一所省重点高中的操场上,多少证明了你曾经的能力与运气都不赖。

但高考后,你的双脚将迈向哪里?

一

有人说,文凭只不过是一张纸,未来才是一幅画。但许多能载入史册的人,他们的人生蓝图可都绘在清华北大的纸上。

你又说,我做不了国家领导,也不想当大文豪,我这辈子的梦想就是多挣钱,活自在。我也不批评你庸俗了,还提供点数据。

2016 中国大学杰出校友排行榜中,清华大学 136 名校友先后登上 1999—2015 年福布斯、胡润和新财富等中国三大富豪排行榜,2015 年校友总财富高达 4 675 亿元,位居第一。北京大学第 2,复旦大学第 3,然后依次是浙江大学、深圳大学、辽宁大学、武汉大学和人民大学。统计发现,富豪数在 20～100 名的学校基本上是中国五星级以上大学。

百度 CEO 李彦宏毕业于北大。搜狐公司 CEO 张朝阳毕业于清华。360 董事长周鸿祎毕业于西安交通大学。京东商城 CEO 刘强东毕业于人大。

可能有的女生开始打小算盘了:考得好不如嫁得好。这辈子我只负责貌美如花,找个对象,让他负责勇闯天涯、君临天下。

那我告诉你,李彦宏的妻子马东敏比李彦宏更学霸,毕业于中国科技大学少年班,美国新泽西州大学生物系博士。扎克伯格的妻子是他哈佛的同学。克林顿是在耶鲁爱上的学姐希拉里。

不管男生还是女生,无论你我他,只有自己足够优秀,才有底气和福气去般配其他的优秀。当你一文不值,你的自尊可能毫无价值;当你身无长物,居无片瓦,你谈自由往往像说笑话。

但成功从不是妖艳贱货,该追求的时候你侧身而过,流连于闲花野草,失去的时候痛哭流涕求人家投怀送抱。你若不是长得很美,就是想得太美。

二

有人说学得好不如爸妈好,人家富二代的起点是我的上限。但牢骚何用,请在那么多还不是富二代的人中间争个先。如果生下来不是只兔子,至少别做缩头乌龟;爬,也要努力向前,富二代的爸妈也曾经是拼一代。记住:你可以白手起家,却不能手无寸铁。

你大概又想到了马云,长相和成绩都不咋的。高考数学第一次只考了1分。复读了两年，千辛万苦才终于以本科差5分的成绩考入杭州师范学院外语系。（幸亏当年本科没招满人，马云才补上了。）

但从这数学1分到蹭上本科的两年要多少不懈努力，恰好像极了12年之后，而立之年的马云拿着自己推销的黄页，敲开一扇扇门却被婉拒的时候。在夜色中的北京街头，马云看着满街的灯火说："再过几年，北京就不会这么对我；再过几年，你们都会知道我是干什么的。"

所以，我想说的是，一纸高考检测的不仅是你的智力，更重要的是你的判断力、专注力、控制力与承受力。面对今天高三读书的单调或辛苦，你选择了不作为，你未来的工作和生活，还会有多少冷眼、孤独、拒绝、惨败甚至生离死别，我如何相信你就一定有作为？

青春不只路一条，是不急于见分晓，但是，走在前面的吃苦，走在后面的吃土。世间无论哪条路，大多还是这个谱。

三

有人说，高考看运气。可是孩子，命由天定，运在手中。没有奋斗过的"得之我幸，失之我命"，不过是懒惰者与怯懦者在赤裸裸的耍流氓。托马斯·杰弗逊说："我很相信运气，事实上我发现我越努力，我的运气越好。"撒冷之王说："只要你真心渴望某件事情，整个宇宙都会联合起来帮你。"

也许你又说，人家天赋异禀，我少根弦差根筋。但可能我们都高估了纯天赋的作用。有些孩子上课效率高，你说人家是天赋好。

真相也许是,同样是上课,习惯差的同学,平时适应于高刺激的事物,在低刺激的信息流中更容易随时"滑落",比如走神想到昨天的游戏;而习惯好更容易适应低刺激,从而进入状态。

结果前者上课的时间完全浪费,课后以加倍的时间、更低的效率消化,造成极其恐怖的时间亏损。

同样,学习中遇到难题,习惯差的前者轻易畏难而放弃,而后者就是要杠上,去干掉大 BOSS,暴涨一波经验值,在滚雪球的挑战中达到越来越高的等级并且收获成功的愉悦。

还有些孩子在学习时显得一点就通,你也说人家是天生聪明。

但其实他可能只是比你更早与更多地拥有了经验积累,并且从中举一反三、触类旁通。

比如说,概率论讲到大数定律的章节,一个听说过"路遥知马力,日久见人心"的人可能理解起来会更容易些;学习地理水文,听说过"静水流深 still water runs deep"这句西方谚语的人,可能更容易记住河流靠近水面以下的水流速最快。

这个过程好比核裂变里中子的释放一样——物质体积越大,发生中子撞击的可能性也就越大。

而我们也常常把这种隐性的积累导致的高概率事件也错误地当作了天赋偶然。

其实,学习不只积累学习的路程,更重要的是它还积累学习的速度,即学习是自带微小的加速度。越学习,越适应学习;越学习,越善于学习。而你常嗟叹的天赋不如人之中,还有一半可能是你的努力不如人、习惯不如人。

四

当然我并不否认天赋与能力的差异。不是每次考试你都能一马当先,并不是每个人都能考上最好的大学,不是每一次努力都会标注上辉煌。但人生大有大的天地,小有小的方圆。至少别拿你 500 升的容器,愣整成 250 的模样。很多年之后也许你才明白,我们日后流过的泪,有一半是当初脑子里进的水。如果你该做的都做了,就别纠结于一张试卷、一个分数了。但行好事,莫问前程;你若盛开,蝴蝶自来;你若坚强,命运自会给你打赏。

孩子们,家长和老师们都无意于对你们苛刻。只是我们愿意此时帮你擦额头的汗,却唯恐日后你一个人去抹眼底的泪。今天你熬得住多少苦累,未来才担得起多少赞美。

当然,最后建议大家每天坚持喝一杯牛奶,吃一个水果。浪费十几二十分钟去发发呆、散散步、听听音乐,甚至八卦八卦。压力分为威胁性压力和挑战性压力,当你相信所有的人生艰苦都是命运在挑逗你、试探你、打磨你的时候,我们不妨把每天过成猫吃鱼、狗吃肉,奥特曼打小怪兽。

在未来的近 250 天甚至更多的日日夜夜里,你若想优秀,我们每一个老师还有你身边的父母都愿做你永远的同谋。

 总结一下，孩子们，我们并不要你鞠躬尽瘁，但要全力以赴，不要你透支，但必须尽力。尽力也许并不能让你的未来无忧无虑，但是，至少会让我们的明天无怨无悔。因为真的，人生很贵，请别浪费。

不读书、不吃苦，你要青春干嘛

随州二中校长　王桂兰

短暂的寒假结束了，新的学期开始了。回忆十来天的假期，你是否有值得回味的事情和经历呢？我想，不同的人肯定有不同的收获和感受：有的同学"收获"的胡吃海睡，做的是"低头追剧"一族，并且生活的节奏全部被打乱，该睡的时候不睡，该起的时候不起，该吃的时候不吃；而有的同学选择了认真完成寒假作业之余适当放松；有的同学选择了放下包袱，在旅途中放松身心，增长见识；也有的同学撇开喧嚣纷扰，选择了一本好书，与伟大的心灵对话，让自己的精神旅行；有的同学会利用丰富的网络资源来强化自己的薄弱学科，实现弯道超越；还有的同学会和自己的良师益友促膝谈心，获取前进的动力，感悟人生的真谛！

规划不同，过法不同，寒假对于我们的意义就不同。有的同学可能难以理解，假期有必要这么拼，这么苦，这么累吗？我的回答是大有必要。

同学们知道吗？就在随州市一所县市的一中高三补课一直补到了腊月二十八；襄阳四中连高一的学生也补到了腊月二十九。我们在羡慕别的学校厉害的时候，何曾想过他们的学生是多么的努力，多么拼命！

这就是今天我要告诉大家的，怕吃苦，苦一辈子，不怕苦，苦一阵子。

2015年热播了一部电视剧，叫《芈月传》，芈月作为一个女人吃了多少的苦头，付出了多大的代价才登上权力之巅，奠定秦国一统六合的基

业！而作为主演孙俪成为"荧屏霸主"何尝不是如此呢？孙俪面对媒体采

访时这样说道："除了《玉观音》后歇了三个月，十年来，我几乎再没有休息

过一天，这比小时候练舞，比在部队里种地、赶猪、掏阴沟要累得多。"她十

年的付出，换来的是身价暴涨，拍摄《玉观音》时，片酬为 5000 元一集，《甄

嬛传》时 30 万一集，《芈月传》时片酬涨到了 85 万……出道 10 年身价暴

涨了 170 倍。需要知道的是这十年孙俪没休息过一天。在完全可以拼

"颜值"的时代，孙俪却在拼实力，拼吃苦精神。人生有两条道路可以选

择：要么向孙俪那样吃苦十年，精彩五十年；要么安逸十年，吃苦五十年。

现在有些同学谈到读书，谈到吃苦，犹如谈虎色变，避之唯恐不及。

一帮不学无术的女孩聚在一起，号称所谓的姐妹，以为有了姐妹就有了全

世界。她们在一起聊好吃的、聊穿的、聊化妆品、想的是网上购物、刷微

信、刷微博，追韩剧；而一帮无所事事的男孩聚在一起，号称所谓的哥们，

以为有了哥们就有了天下。他们在一起逃课、抽烟、打扑克、玩游戏、看玄

幻甚至约架……以为这就是疯狂，这就是该有的青春。

他们看不起那些不会化妆、不会打扮、一天到晚只知道读书的好学

生。还骂那些好学生是书呆子，骂他们傻，只知道读书，殊不知，两三年

后，好学生上一本，上"211"，上"985"，甚至上清华北大，而他们却要考虑

去三本，去高职高专甚至考虑要不要南下打工。

有的人可能会说，读书有什么用，现在好多没读大学的也混得非常

好。其实，你们忘记了一个词语，这个词语叫作"比例"。而那些占极小比

例的没读书就成功的人,那是他们自身具备了成功的一些素质,而你们是否具备呢?

每个不想念书的学生,都会不约而同地找一个不读书就能成功的案例来作为他放纵的最后心理安慰。那么我很遗憾地告诉你们,这是改革开放三十多年后的中国,这里再也没有素质低下而钻了政策的空子就能一夜暴富的奇迹。这里优胜劣汰,这里适者生存。

叛逆和疯狂的青春当然可以,但几年的放纵,换来的可能就是一生的卑微和底层!

有一段父子之间经典的对话,告诉了我们努力读书和不读书的大不同。

儿子刚上学不久就问当农民的父亲:"人为什么要读书?"父亲说:"一棵小树长1年的话,只能用来做篱笆,或当柴烧。10年的树可以做檩条。20年的树用处就大了,可以做梁,可以做柱子,可以做家具;一个小孩子如果不上学,他7岁就可以放羊,长大了能放一大群羊,但他除了放羊,基本干不了别的。如果小学毕业,在农村他可以用一些新技术种地,在城市可以到建筑工地打工,做保安,也可以当个小商小贩,小学的知识够用了;如果初中毕业,他就可以学习一些机械的操作了;如果高中毕业,他就可以学习很多机械的修理了;如果大学毕业,他就可以设计高楼大厦、铁路桥梁了;如果他硕士博士毕业,他就可能发明创造出一些我们原来没有的东西。知道了吗?儿子说知道了。爸爸又问:"放羊、种地、当保安,丢人不丢人?"儿子说:"丢人。"爸爸说:"儿子,不丢人。他们不偷不抢,干活赚钱,养活自己的孩子和父母,一点也不丢人。不是说不上学,或上学少就没用。就像一年的小树一样,有用,但用处不如大树多。不读书或读书少也有用,但对社会的贡献少,他们赚的钱就少。读书多,花的钱也多,用的时间也多,但是贡献大,自己赚的钱也多,地位就高。"那次谈话给儿子留下了极深的印象,从此儿子在学习上不需要威逼更不需要利诱,就会做出最好的选择。

马云在《不吃苦,你要青春干嘛》这篇演讲中这样说道:当你不去拼一份奖学金,不去过没试过的生活,整天挂着 QQ,刷着微博,逛着淘宝,玩着网游,干着我 80 岁都能做的事,你要青春干嘛?恰同学少年的你们,在最能学习的时候你选择恋爱,在最能吃苦的时候你选择安逸,自恃年少,却韶华倾负,却不知道青春易逝,再无少年之时。

同学们,什么叫吃苦?当你抱怨自己已经很辛苦的时候,请看看在西部的那些穷孩子,他们饭吃不饱,衣穿不暖,冻着脚丫,啃着窝窝头的情形;请想一想几十年如一日起早贪黑的我们的老师们;请你对比一下那些透支着体力却依旧食不果腹的打工者!

在有空调的、有热水喝的教室里学习能算吃苦?在有空调、能洗热水澡的寝室里休息算是吃苦?有爸妈当"太子伴读",衣来伸手饭来张口的你能算吃苦?

风雨中这点痛算什么?你来随州二中干什么?你来这里就是来刻苦

学习的,就是来拼个好前程的,不是来荒废时日挥洒青春的。

去年考上清华的张甜柳寒假回母校来看望老师的时候说道:"没有高中三年拼命的我,今天我怎么能够和来自北上广深的优秀学生坐在同一间教室,聆听中国最优秀的教授讲课? 怎么能够有资格和他们一道徜徉在水木清华园指点江山,激扬文字? 这三年的苦真没有白吃,这三年的努力没有白费。"

同学们,若想成为非常之人必须学会吃非常之苦。要知道,青春最好的营养就是刻苦! 著名作家龙应台在给儿子安德烈的一封信中这样写道:我要求你读书用功,不是因为我要你跟别人比成就,而是因为,我希望你将来拥有更多选择的权利,选择有意义、有时间的工作,而不是被迫谋生。

是啊,如果你优秀,你便拥有了大把的选择机会,否则你只能被迫谋生。

李嘉诚也这样说:"读书虽然不能给我们带来更多的财富,但它可以给我们带来更多机会。"同学们,有机会,才会成功,才会有未来啊!

可能有的同学会问,我现在努力,还来得及吗? 我的回答是:"我说来不及,你就不学了吗?"我们应该把重心从问"来不来得及"转到用功学习上来。有时候你想的越多,越什么事都干不成。认准目标就静下心来干,总会有结果。

所以接下来的时间,无论是高一、高二的,还是高三的同学们,不要问什么时间够不够,什么基础行不行。这些都是次要的,最主要的你要从现在开始吃苦,开始用功。

40 岁的柳传志不问来不来得及,最终他缔造了联想集团;高考三次落榜的俞敏洪不问来不来得及,最终考上北大并打造了"教育航母"——新东方;经过两次创业失败的马云不问来不来得及,最终他书写了电商传奇,改变了世界。

亲爱的同学们,如果老天善待你,给了你优越的生活,请不要收敛了自己的斗志;如果老天对你百般设障,更请不要磨灭了对自己的信心和奋斗的勇气。当你想要放弃了,一定要想想那些睡得比你晚、起得比你早、跑得比你卖力、天赋还比你高的牛人,他们早已在晨光中跑向那个你永远只能眺望的远方。

所以,请不要在最能吃苦的时候选择安逸,没有谁的青春是在红地毯上走过的。既然梦想成为那个别人无法企及的自我,就应该选择一条属于自己的道路,付出别人无法企及的努力!

所以我们不仅要有高三无假期的心理预期,更要有高中无假期的铿锵誓言!

将来的你,一定会感谢现在拼命的自己!

我奋斗了 18 年, 不是为了和你一起喝咖啡

清华大学硕士毕业生

4 年前, 网络上著名写手麦子的一篇《我奋斗了 18 年才和你坐在一起喝咖啡》引起了很多人的共鸣, 这个文章讲的是一个农家子弟经过 18 年的奋斗, 才取得和大都会里的同龄人平起平坐的权利, 一代人的真实写照。然而, 3 年过去, 我恍然发觉, 他言之过早。18 年又如何? 再丰盛的年华叠加, 我仍不能和你坐在一起喝咖啡。

那年我 25 岁, 无数个夙兴夜寐, 换来一个硕士学位, 额上的抬头纹分外明显, 脚下却半步也不敢停歇。如果不想让户口打回原籍, 子子孙孙无穷匮, 得赶紧地找份留京工作。你呢? 你不着急, 魔兽世界和红色警报? 早玩腻了! 你野心勃勃地筹划着"创业创业"。当时李彦宏、陈天桥、周云帆, 牛人们还没有横空出世, 百度、Google、完美时空更是遥远的名词, 可青春所向披靡不可一世, 你在校园里建起配送网站, 大张旗鼓地招兵买马, 大小媒体的记者蜂拥而至。334 寝室很快在全楼名噪一时, 小姑娘们从天南地北寄来粉粉的信纸, 仰慕地写道:"从报上得知你的精彩故事……"得空, 爬上楼顶吹吹风, 你眉飞色舞地转向我, 以照顾自己人的口气说: 兄弟, 一起发财如何?

好呀, 可惜我不能。创业于你, 是可进可退可攻可守的棋, 启动资金

有三姑六眷帮忙筹集，就算铩羽而归，父母那三室一厅、温暖的灶台也永不落空。失败于我，意味着覆水难收一败涂地，每年夏天，为了节省三五百块钱的机器钱，爹娘要扛着腰肌劳损在大日头下收割5亩农田。我穿着借来的西服完成了第一次面试，戴着借来的手表与心爱的女孩进行了第一次约会。当你拿到了第一笔投资兴奋地报告全班时，我冷静地穿越大半个北京城，去做最后一份家教。没错，这活儿技术含量忒低，但在第一个月工资下发前，我租来的立足之地与口粮全靠它维持。

不多久，互联网就遭遇了寒流，你也对创业意兴阑珊，进了家国有性质的通信公司，我被一家外企聘用。坐井观天的我，竟傻傻地以为扳回了一局。明面上的工资，我比你超出一截，税后8 000元，出差住5星级宾馆，一年带薪休假10天。我玩命一样地投入工作，坚信几年后也有个童话般的结尾，和公主过上幸福的生活。

好景不长，很快我明白了为什么大家说白领是句骂人的话。写字楼的套餐，标价35元，几乎没人搭理它。午餐时间，最抢手的是各层拐角处的微波炉，"白领"们端着带来的便当，排起了长长的队伍。后来，物业允许快餐公司入住，又出现了"千人排队等丽华"的盛况。这些月入近万的人士节约到抠门的程度。一位同事，10块钱的感冒药都找保险公司理赔；另一位，在脏乱差的火车站耗上3个小时，为的是18:00后返程能多得150元的晚餐补助。

这幕幕喜剧未能令我发笑，我读得懂，每个数字后都凝结着加班加点与忍气吞声；俯首贴耳被老板盘剥，为的是"一平米""一平米"构筑起自己的小窝。白手起家的过程艰辛而漫长，整整 3 年，我没休过一次长假没吃过一回鸭脖子；听到"华为 25 岁员工胡新宇过劳死"的新闻，也半点儿不觉得惊讶，以血汗、青春换银子的现象在这个行业太普遍了。下次，当你在某地看见一群人穿着西装革履、拎着 IBM 笔记本奋力挤上 4 毛钱的公交车，千万别觉得奇怪，我们就是一群 IT 民工。

惟一让人欣慰的是，我们离理想中的目标一步步靠近。

突如其来地，你的喜讯从天而降：邀请大家周末去新居暖暖房。怎么可能？你竟比我快？可豁亮的 100 多平方米、红苹果家具、37 寸液晶大彩电无可置疑地摆在眼前。你轻描淡写地说，老头子给了 10 万，她家里也给了 10 万，老催着我们结婚……回家的路上，女朋友郁郁不说话，她和我一样，来自无名的山城。我揽过她的肩膀，鼓励她也是鼓励自己：没关系，我们拿时间换空间。

蜜月你在香港过的，轻而易举地花掉了半年的工资，回来说，意思不大，不像 TVB 电视里拍的那样美轮美奂；我的婚礼，在家乡的土路、乡亲的围观中巡游，在低矮昏暗的老房子里拜了天地，在寒冷的土炕上与爱人相拥入眠。幸运的是，多年后黯淡的图景化作妻子博客里光芒四射的图画，她回味："有爱的地方，就有天堂。"

我们都想给深爱的女孩以天堂，天堂的含义却迥然不同。你的老婆当上了全职太太，每天用电驴下载《老友记》和《越狱》；我也想这么来着，老婆不同意:你养我,谁养我爸妈? 不忍心让你一个人养 7 个人。当你的女孩敷着倩碧面膜舒服地跷起脚,我的女孩却在人海中顽强地搏杀。

两个人赚钱的速度快得多。到 2004 年年底,我们也攒到了人生中第一个 10 万,谁知中国的楼市在此时被魔鬼唤醒,海啸般狂飙突进,摧毁一切渺小虚弱的个体。2005 年 3 月,首付还够买西四环的郦城,到 7 月,只能去南城扫楼了。我们的积蓄本来能买 90 平方米的两居来着,9 月中旬,仅仅过去 2 个月,只够买 80 多平。

没学过经济学原理? 没关系。生活生动地阐释了什么叫资产泡沫与流动性泛滥。这时专家跳出来发言了:"北京房价应该降 30%,上海房价应该降 40%。"要不,再等等? 我险些栖身于温吞的空方阵营,是你站出来指点迷津:赶快买,房价还会涨。买房的消息传回老家,爹娘一个劲儿地唏嘘:抵得上俺们忙活半年。在他们看来,7 500 元一平方米是不可思议的天价。3 年后的 2008,师弟们纷纷感叹,你赚大发了,四环内均价 1 万 4,已无楼可买。

几天前,我看见了水木上一句留言,颇为感慨:"工作 5 年还没买房真活该,2003 年正是楼市低迷与萧条之时。等到今天,踏空的不仅是黄金楼市,更是整个人生。"

真要感谢你,在我不知理财为何物之时,你早早地告诉我什么叫消费、什么叫投资。并非所有人都拥有前瞻的眼光和投资的观念。许多和我一样来自小地方、只知埋头苦干的兄弟们,太过关注脚下的麦田,以至于错过一片璀璨的星空。你的理论是,赚钱是为了花,只有在流通中才能增值,买到喜爱的商品,让生活心旷神怡。而我的农民兄弟——这里特指是出身农家毕业后留在大城市的兄弟,习惯于把人民币紧紧地捏在手中。存折数字的增长让他们痴迷。该买房时,他们在租房;该还贷时,他们宁可忍受7%的贷款利率,也要存上5年的定期。辛苦赚来的银子在等待中缩水贬值。他们往往在房价的巅峰处,无可奈何地接下最后一棒;也曾天真地许愿,赚够100万就回家买房。

这便是我和你的最大差别,根深蒂固的分歧、不可逾越的鸿沟也在于此。我曾经以为,学位、薪水、公司名气一样了,我们的人生便一样了。事实上,差别不体现在显而易见的符号上,而是体现在世世代代的传承里,体现在血液里,体现在头脑中。18年的积累,家庭出身、生活方式、财务观念,造就了那样一个你,也造就了这样一个我,造就了你的疏狂佻达与我的保守持重。当我还清贷款时,你买了第二套住房;上证指数6 000点,当我好容易试水成为股民,你清仓离场,转投金市;我每月寄1 000元回去,承担起赡养父母的责任,你笑嘻嘻地说,养老,我不啃老就不错了;当我思考着要不要生孩子、养孩子的成本会在多大程度上折损生活品质时,4个老人已出钱出力帮你抚养起独二代;黄金周去一趟九寨沟挺好的了,你不满足,你说德国太拘谨美国太随意法国才是你向往的时尚之都……

我的故事,是一代"移民"的真实写照——迫不得已离乡背井,祖国幅员辽阔,我却像候鸟一样辗转迁徙,择木而栖。现行的社会体制,注定了大城市拥有更丰富的教育资源、医疗资源、生活便利。即便取得了一纸户口，跻身融入的过程依然是充满煎熬，5年、10年乃至更长时间的奋斗才获得土著们唾手可得的一切。曾经愤慨过，追寻过，如今，却学会了不再抱怨，在一个又一个缝隙间心平气和。差距固然存在，但并不令人遗憾，正是差距和为弥补差距所付出的努力，加强了生命的张力，使其更有层次更加多元。

可以想见的未来是，有一天我们的后代会相聚于迪斯尼（这点自信我还是有的），讲起父亲的故事，我的那一个，虽然不一定更精致更华彩，无疑曲折有趣得多。那个故事，关于独立、勇气、绝地反弹、起死回生，我给不起儿子名车豪宅，却能给他一个不断成长的心灵。我要跟他说，无论贫穷富贵，百万家资或颠沛流离，都要一样地从容豁达。

至此，喝不喝咖啡又有什么打紧呢？生活姿态的优雅与否，不取决于你所坐的位置、所持的器皿、所付的茶资。它取决于你品茗的态度。

我奋斗了18年，不是为了和你一起喝咖啡。

你必须十分努力，才能看起来毫不费力

（网络文章）

高考，是许多人人生都要过的"独木桥"，企业大佬也不例外。马云曾豪气冲天要考北大，但无奈复读，侥幸上了本科；俞敏洪也经历了艰苦的复读期；史玉柱、李彦宏都是高考状元；张朝阳则在自学成材的故事激励下考上清华……

一、高考状元是必要不充分条件

1987年，19岁的李彦宏考取了山西阳泉市的高考状元。在填报高考志愿时，高中时参加全国青少年程序设计大赛的他，毫无疑问地喜爱计算机，但是第一志愿却不是北大计算机系，而是信息管理系，因为他考虑到：将来，计算机肯定应用广泛，单纯地学计算机恐怕不如把计算机和某项应用结合起来有前途。

读北大，学会独立思考。面临毕业，正是沉闷的1991年，决定"走出去看世界"的李彦宏如期接到布法罗纽约州立大学的入学通知。

1982年的时候，18岁的马云迎来了生命里的第一次高考。不过马云并没因数学不好而退缩，反而在报考志愿表上赫然写着：北京大学。那年的高考成绩出来以后，马云的数学成绩是——1分。但是这时候路遥的《人生》改变了马云的想法，马云开始了艰苦的复读，并在19岁的那一年，再次走进了高考的考场。不过马云的数学成绩只有19分。马云又开始了一边打工一边复习的日子。

就这样,到了马云20岁那年,他毅然参加了第三次高考,马云这次数学的考试成绩及格了——79分,最终,英语成绩很牛的马云以本科生的身份踏进了杭州师范学院。

刘强东的班主任是一个非常关心时事的老师,总是喜欢带着学生们思考一些社会问题。

那时候刘强东的成绩是全校第一,所以他非常欣赏刘强东,并对他也寄予了厚望:也许你一个人改变不了这个社会,但是以你的能力,回家可以做我们的县长,在你的权限范围内,对宿迁人民好点,为老百姓多做点实事。于是刘强东便在那时有了一个梦想:从政,做县长。

在1992年7月高考成绩公布后,刘强东高考成绩全宿迁第一,副县长亲自送大红花进家。而这时刘强东的成绩是完全可以上清华大学物理系的,但他早已经在填报志愿时,放弃了清华大学物理系,填写了人大社会学系。

毕业多年以后,中国人民大学校庆80周年之际,京东集团创始人、董事局主席兼首席执行官刘强东及京东集团,于6月2日宣布,向中国人民大学捐赠3亿元人民币,设立中国人民大学京东基金。这是该校建校以来的最高社会捐赠记录。

复习了10个月左右,俞敏洪参加了1978年的高考,英语却只考了33分,别的几门也不理想。1979年,俞敏洪再次参加高考,他的总分过了录取分数线,但英语只考了 55 分,而常熟师专的录取分数线是 60 分,结果再度落榜。

1980 年的高考开始了,英语考试时间是两个小时,俞敏洪仅仅用了40 分钟就交了卷。俞敏洪的英语老师大怒,迎面抽了俞敏洪一耳光,说今年就你一个人有希望考上北大,结果你自己给毁了。他认为俞敏洪这么快就交卷,肯定没有考好。但是,俞敏洪确实只需要 40 分钟。分数出来以后,俞敏洪的英语是 95 分,总分 387 分。当年,北大的录取分数线是380 分。俞敏洪如愿被北大录取。

张朝阳属于同龄人里较早有念书意识的一批人,很小就懂得,要出人头地,学习特重要。

他常看《中国青年报》,上面很多自学成材的故事深深吸引了他。他成绩一直非常好,经过 5 年苦读,从西安的一所厂矿子弟中学转到了西安中学,1981 年顺利地考上了清华大学物理系。

许家印,1958 年出生,河南周口太康县人。幼年的许家印,家境贫寒,常常面临辍学的窘境。生活的艰辛没有使许家印放弃求学的信念,反而坚定了他"知识改变命运"的决心。

1977 年,许家印听到恢复高考的消息马上报名,但因为时间仓促,没有考上。第二年,许家印复读再考,伴随地瓜和小麻油挨过了寒冬,1978年如愿考上武汉钢铁学院(现武汉科技大学),在人口数量巨大的周口市,他的成绩位列前三。

1978年年底到1979年年初,李开复已经是一个十一年级的美国高中生。SAT成绩出来了,虽然数学考了满分800分,但是英文考得非常不理想,只有550分,这离哈佛的平均录取分数有很大的差距。4月份在收到哈佛拒绝信的同时,哥伦比亚大学向其抛出了橄榄枝。又过了几天,加州大学伯克利分校也给了offer。

李开复称后来的经历证明,哥伦比亚大学年轻、活泼、新锐、自由的学风使其一生受益,而正是哥伦比亚大学比较自由的转系制度,让他迅速找到了自己一生的钟爱——计算机。

不是说你是高考状元就必定是成功人士,而是只有当你积淀了知识,你才有宽广的眼界,你才能看到别人看不到的机遇,这样成功才更容易光顾你,正是所谓的越努力,越幸运。

二、读书无用论是最大的谎言

你只有读了足够的书,才有资格思考"读书是不是无用"。

知乎上有个提问:底层出身的孩子,假设当年你没能上985或者211,你会损失和错过什么?

网易云音乐有一个热门评论:"我不敢倒下,因为身后空无一人。"在你没有腰缠万贯的财富,没有能养你一辈子的爸妈时,你总有一天会身后空无一人。

所以,你为什么不努力读书?每一个不曾起舞的日子,都是对生命的辜负!

记得有一期《演说家》，是网红考研老师张雪峰的演讲，因为他的职业就是帮助大学生考研，所以他的话，难免让人怀疑动机。就连主持人鲁豫也问他："雪峰你是真的相信考研可以改变人的命运，还是因为你是做这个之后才开始宣传考研的？"

而他接下来的一番话，笨拙、诚恳，却让人十分动容：

"如果你有兴趣到齐齐哈尔大学去看看，是什么样的企业在这里招聘学生；再到北京科技大学去看看，是什么样的企业在这里招聘学生；再到清华、北大去看看，是什么样的企业在这里招聘学生，他们给学生多少钱一个月。"

这确实是目前招聘市场的现实情况。接下来，在场的一位企业家企图用事实说话："我自己公司的员工，没有一个是重点的，没有一个是那样的大学的。"

"所以你不是世界 500 强。"一句话，说得企业家哑口无言。

张雪峰还提到："在中国的 500 强企业，甚至是世界几乎所有的 500 强企业，它们都告诉你学历不重要，但是，它们不会去齐齐哈尔大学招聘，它们说的都是假话。"

一段慷慨激昂的发言，说出了当今社会的实际情况。学历到底重不重要？或许只有碰了壁才会知道！那些说学历不重要的，很可能是因为人家已经有了学历。

我一个在猎头公司上班的朋友说，他经常给一些世界 500 强企业招人,第一个要求就是本科以下学历不要!

英文好优先第一!如果看到硕士博士学历的,哪怕工作经验没有本科多,企业还是会选择硕士博士学历的。你说学历重不重要?

学历就像是一张车票,决定了你坐什么交通工具。

我们为什么苦口婆心的劝导孩子读书呢?我们希望孩子可以像李彦宏、刘强东那些成功人士一样,上可经营万人企业,高谈阔论;下可享田园生活,养鸟种花。

即便最终跌入烦琐,洗尽铅华,同样的工作,却有不一样的心境,同样的家庭,却有不一样的情调,同样的后代,却有不一样的素养。

三、为什么要上大学

我们要告诉你,一张大学文凭,特别是一张"985""211"名校文凭,虽然不能确保你登上顶峰,却可以让你免于跌落谷底。

刘媛媛在《超级演说家》中曾发表过这样一段演说:"有些人出生就含着金钥匙,有些人出生连爸妈都没有,人生跟人生是没有可比性的,我们的人生是怎么样,完全决定于自己的感受。你一辈子都在感受抱怨,那你的一生就是抱怨的一生;你一辈子都在感受感动,那你的一生就是感动的一生;你一辈子都立志于改变这个社会,那你的一生就是斗士的一生。"

你身处什么样的环境,就会受到什么样的影响,你身处名校,自然被优秀的人围绕。你在名校认识的人会是你以后事业的人脉,是你生活上的朋友。功利点来说,你的学历决定了你一开始的薪酬待遇,名校自然有优势。

所以,对于大多数普通家庭的孩子来说,没有先天资源,那么后天唯一的出路,真的还是只能靠知识。

虽然现在靠知识已经很难翻身了,但哪怕有一线希望,我们都不能放弃。

所以,别听人说什么"开心幸福最重要",没有舒服的生活做后盾,"穷开心"真的没那么开心的……

真的,让孩子学会努力吧,努力学习,努力奋斗,努力做好一切,青春不就是拿来拼的吗?"逼"孩子在年少时努力,只是不想让他们走上一辈的老路,将来能更随意地生活吧。

最后,告诉孩子:你必须十分努力,才能看起来毫不费力!

无知的代价

网络文章

读书,是为了让你成为一个有温度懂情趣会思考的人,是为了让你在跌宕起伏的生活中,拥有处变不惊的内心,让你在未来,能独自混过那些漫长幽暗的岁月而不怨天尤人。

哈佛大学前校长德里克博克曾说过一句名言:"If you think education is expensive, try ignorance!"——如果你认为教育的成本太高,试试看无知的代价。

是的,不知道什么时候开始,整个社会都在给人们讲述这样一个奋斗努力的故事,告诉所有人你不努力就一定不行,事实上,谁都清楚,当下不努力有多爽!

干嘛非要熬夜写那些永远写不完的作业,早早躺下多好!

干嘛非要成千上万砸钱进辅导班,用来旅游多好!

干嘛非要逼孩子努力搞得关系紧张,安逸待着多好!

任何年龄的人都会在放纵中找到欢愉,哪怕是病危的病人,也会因为偷偷地抽支烟而窃喜。他是在放纵生命,可这种放纵就是很爽!

好的,不努力,不逼孩子学习,快快乐乐傻玩,把学习的时间用来打游戏,用来旅游,这么一对比,那些整天陪孩子学习上课,在学习上跟孩子死磕的家长相比,简直是天堂一样的人生。

可是,在教育孩子这件事上,每个家长要付出的总量是一样的,也就是说,前期过得越省心、越偷懒,后期要付出的代价就越大。

投资孩子,就是投资自己后半生的幸福。本文值得老师和家长们深思!

一、孩子的幸福来自什么

提到幸福这么哲学的东西,事实上有些难辨,但我们不得不提一提,毕竟这是所有父母的终极目标。

什么高学历、好工作、高收入,等等,这些表象的背后都是父母希望孩子幸福的心意,那什么真正决定了一个人的幸福呢?

很多作家都有过诠释和解释,如果你阅读的足够多,你会发现,幸福一定跟两个指标密切相关——尊严和自由。

尊严不用讲了,与一个人的德行和社会地位密不可分,光是德行好并没用,你所处的阶级会深深影响到你得到的尊严,这是阶级的定律。

自由呢?人都有自由意志,但是这个社会给你的自由是有限的,财富和地位决定了很大程度的自由,这是我们不得不承认的。

你去网上看看,年轻人面对那些"二十岁就看到死的职业和人生""面对社会中的冷眼""面对我们口中的平凡人生"的时候是有多么的不满和无助。

当一个年轻人因为一纸简历就遭遇了别人几十倍的失败的时候,他会想些什么呢？

二、越无知的人，越会为自己找借口

还记得那个道出社会真相的文科状元吗？

"农村地区的孩子越来越难考上好学校，而像我这种父母都是外交官的中产阶级家庭的孩子，还生在北京这种大城市……这就决定了我在学习时能走很多捷径。"

句句扎心，多少人开始对现实愤愤不平，怨天尤人感慨出身，却也被它们蒙蔽住眼睛，看不见现实的另外的一部分。所以很多人就拿这个当借口，说认命吧，反正努力一辈子也就这样了。

但总有另外一部分人，在这个还看不清未来的现实里，还在抛头颅，还在洒热血，还在上演热血屠龙的故事。

那一部分坚持的人，从这段看不见未来的现实里脱颖而出，到了现实的另一部分。在这一部分里面，命运有很多漏网之鱼，有很多机遇之门敞开，有无数的希望精灵追随。

就像北京文科高考状元的最后一句话说的那样：有知识不一定改变命运，但是没有知识一定改变不了命运。

只要你还在努力，人生就有无穷的可能。和时间竞争，在概率中突围，做上帝手中的漏网之鱼。

三、无知，让人看不清自己，也看不清世界

之前"北大毕业生卖猪肉"的新闻不知道被人说了多少年，很多人觉得"北大毕业又怎么样，还不是去卖猪肉？我小学毕业，也一样卖"。

但他们不知道的是，那个"卖猪肉的"北大学生，叫陆步轩，而有一个叫陈生的人，最先发现了他的厉害之处："一个档口，自己一天卖1.2头猪，这已经算相当了不起了；而这小子居然一天能卖12头猪，太厉害了。"

陈生后来和陆步轩合作成立"屠夫学校"，再后来，他们开了几百家连锁店，陆步轩和陈生双双身家过亿。

无独有偶，秦玥飞从耶鲁大学毕业之后，去衡山县当了一名"村官"，很多人嗤之以鼻：一定是在耶鲁混不下去了，不然怎么可能去当一个"村官"呢？我大字不识一个，我也能去当一个"村官"。

后来，秦玥飞利用自己在耶鲁的人脉资源，启动"黑土麦田"项目；利用在耶鲁学到的金融知识，引入资本和营销团队，发展村里的商务产业。于是，他成了中国最美的"村官"。

有一篇文章写道：读了"985""211"，你才知道读书无用论是骗人的，这些人不仅有能力有实力进入更好的企业、平台，即使是在毫无门槛的卖猪肉卖花生瓜子这个行业，他们也有很大概率能做得更加出色。

所谓读书无用论，所谓名校毕业生素质不行，都是考试机器，其实都是非常极端的例子。

而无知的人，最喜欢扯虎皮当大旗，用极小概率的事件去为自己辩护，并以恶意揣测他人。

四、不要把学习看得过于功利

那么,教育和学习的目的到底是什么呢?是为了拿高分?考大学?不,绝对不是这样。至少,不只是这样。

读书,绝不只是为了混一张大学文凭,开启顺风顺水的世界。

读书,是为了让你成为一个有温度懂情趣会思考的人,是为了让你在跌宕起伏的生活中,拥有处变不惊的内心,让你在未来,能独自度过那些漫长幽暗的岁月而不怨天尤人。

读书,是为了将来能和你的爱人,不只讨论柴米油盐酱醋茶,还可以谈论琴棋书画诗酒花。

再精致的花瓶都有碎掉的一天,再美好的容颜都有老去的一天,唯有你读过的书、写过的字,都会逐渐积累在你的身体里,变成你的财富。

读的书多了,你会发现,以前从未注意过的大千世界,竟然如此鲜活,手机屏幕之外,自有一番万水千山;读的书多了,你会发现,在无涯的知识海洋面前,再大的烦恼,也只是沧海一粟。

就算最终你跌入烦琐,洗尽铅华,面对同样的工作,你会有不一样的心境;面对同样的家庭琐事,你会有不一样的情调;培养同样的后代,你会有不一样的素养。

这就是世界对努力学习、重视教育的人最大的奖励。

努力很累,教育孩子很累,陪伴孩子成长很累。但这一切一定是值得的。别怕累,别怕时间多,别怕贵,也别怕麻烦。

每一种选择都有代价,千万别尝试无知的代价,否则你会很惨。

选择与坚持

清华大学校长　陈吉宁

亲爱的同学们:

今天,共有 1 318 名同学获得博士、硕士学位。首先,我代表学校,向同学们奋力拼搏完成学业表示祝贺! 同时,向悉心指导你们的老师、辛勤培育你们的家人和一路支持你们的亲友,致以诚挚的敬意和衷心的感谢!

最近我一直在思考,在今天这个场合,给大家讲点什么。大家知道,在过去几次毕业典礼上,我曾经讲过理想、担当、良知、敬畏等这样一些关于价值信念的话题,勉励同学们在实现自我价值和履行家庭责任的同时,肩负起推动国家富强、民族复兴、人类文明进步的时代重任。这既是对同学们提出的一些做人做事方面的希望,也是我自己经历中的一些感悟和体会。今天,我想和大家交流的话题是:选择与坚持。前不久,我在台湾访问的时候见到一本书,书名叫《Outliers》,书的内容与去年全校教育工作讨论会的主题很吻合,我就买了下来,在回北京的路上很快读完了。书中讲了很多故事来说明社会环境、机遇对一个人成功的重要作用。不过,我从这些故事中得到了一些新的不同的感受和启示,在此与大家分享。

第一是从现在做起,从小事做起,不要怨天尤人。这本书讲到加拿大冰球国家队的故事。作者发现在这些国家队选手中有一个规律性现象——他们大部分人都出生在1、2月份,很少有在年底出生的。之所以出现这种现象,是因为在加拿大这个冰球运动狂热的国家,教练们会挑选9到10岁的小选手组成"巡回赛小组",而分组的时间界线恰好是1月1日,换句话说,当年1月1日到12月31日之间出生的球员会被分在一组。对10来岁的孩子来说,几个月的年龄差距还是很明显的,那些早几个月出生的小孩发育更成熟,更容易在同组竞争中胜出。而一个小选手一旦被选中,他将拥有更好的教练、更出色的队友、参加更多的比赛。久而久之,这些孩子的成绩会越来越好,其中最优秀的一部分人就进入到国家队。小月份出生的运动员从一开始就幸运地获得了那些微小的机会,并通过努力逐渐把这些机会累积成自己的优势,最终成为国家队选手。这个规律不仅存在于加拿大冰球运动中,在美国的棒球运动、欧洲的足球运动甚至在学校教育中也有类似现象。

这告诉我们,每件事情的起步阶段都很重要,不要因为事情小就忽视它,不要因为是刚开始就不认真去做。同学们,你们离开学校后,身边的每一件小事都可能是积累未来发展优势的那个机会。希望大家迈好这走向社会的第一步,从小事做起,从现在做起,从身边的一点一滴做起,把自己的成长融入国家发展、社会进步的洪流中,即使遇到了困难和挫折,也决不要消极悲观、怨天尤人。这是我想说的第一点体会。

第二是要长期坚持,全心投入,不要轻易放弃。大家在学校时有不少观看高水平演出的机会。当我们陶醉于婉转悠扬的乐曲时,经常会赞叹演奏者的高超技巧,并可能会将此归功于他们的非凡天赋。《Outliers》这本书却讲了另外一个发现:无论是小提琴还是钢琴专业的学生,他们从5岁左右开始学琴,到20岁时,那些具有成为世界级独奏家潜质的学生都至少练习了10 000小时,那些被认为比较优秀的学生累计练习了8 000小时,而那些被认为将来只能成为一名音乐辅导老师的学生只练习了4 000小时。这就是所谓的"10 000小时法则",如果一个人的技能要达到世界水准,他(她)的练习时间通常需要超过10 000小时。这个法则也应验在我们熟知的很多著名人士身上。比如,比尔·盖茨就几乎把自己的青少年时光都用在了计算机程序开发上。从1968年他上七年级开始,到大二退学创办微软公司,这期间盖茨持续编程有7年时间,远远超过10 000小时,据说当时世界上有盖茨这样经历的人不超过50个。因此,当1975年个人计算机开始进入家庭时代的黎明时刻,能占据最有利的位置去拥抱第一缕曙光的人,自然非"盖茨"们莫属。前不久,Facebook创始人扎克伯格来清华演讲,我问了他一个问题——对于创业者来说,什么最重要?他不假思索地回答:"不要放弃。"我们的古人也说,行百里者半九十。做一件事情,只有持之以恒地坚持下去,你才能从中产生对事物的深刻理解和认识,获得与众不同的感悟和洞察,这是一个人成长不可或缺的重要过程。没有这样的积累,即便机会到了你的面前,也很难能把握住。所以,平庸与卓越之间的差别,不在于天赋,而在于长期的坚持、持续的投入。这是我想告诉大家的第二点体会。

我要说的第三点是要懂得取舍，有所不为，不要被眼前利益所诱惑。去年下半年，苹果公司首席执行官蒂姆·库克在清华有一个对话活动。当被问道："在过去3年中哪些是你做的最困难的决策?"库克回答说："最难的是决定不做什么。"因为苹果公司有太多伟大的、令人兴奋的想法。他又被问道，是不是要从好的想法中选择最好的想法，去掉次好的想法?令人惊讶的是，库克说："我们所有的想法都是最好的想法，但苹果公司只能选择其中一种，并努力把它做到极致，其他的都会果断放弃。"同学们，人的成长就是一个不断选择的过程，对优秀的人而言，选择更是人生中面临的最大挑战。今天你们走向社会，将面临各种各样的机遇、诱惑，也会遇到很多的挑战、挫折。每当这时候，你都是在回答与"选择"相关的问题。我希望大家，无论面对机会还是挑战，都能有舍弃的胸怀和勇气，都能从国家利益出发、从大众福祉出发，选择最有价值的事情，专心专注地做下去，在服务国家、奉献社会的事业中让自己从优秀走向更加优秀。

同学们，刚才我讲的是自己从很多人、很多事中得到的三点感悟。当然，即使大家做到了这三点，也未必一定能获得你所期望的结果。刚才童之磊校友就讲到他从2000年创业至今，所经历的多次挫折和失败。但我相信，只要做到了从小事做起，从现在做起，持之以恒，勇于舍弃，你们就会从自己的每一次经历中收获对成功与失败更为深刻的理解。那时候，世界依然属于你，创造精彩人生的空间依然为你敞开。正如敬爱的朱镕基学长在纪念经管学院建院30周年时，对清华同学们讲的那样："要大胆地试，不要怕失败;你们还年轻，失败了也无所谓。"

图书在版编目(CIP)数据

走在青春的路上/何明恒主编.—成都:西南财经大学出版社,
2018.9
ISBN 978 - 7 - 5504 - 3688 - 6

Ⅰ.①走…　Ⅱ.①何…　Ⅲ.①高中生—学生生活
Ⅳ.①G635.5

中国版本图书馆 CIP 数据核字(2018)第 190133 号

走在青春的路上
ZOUZAI QINGCHUN DE LUSHANG
何明恒　主编

责任编辑:李晓嵩
责任校对:田园
封面设计:扈玉
责任印制:朱曼丽

出版发行	西南财经大学出版社(四川省成都市光华村街55号)
网　　址	http://www.bookcj.com
电子邮件	bookcj@foxmail.com
邮政编码	610074
电　　话	028 - 87353785　87352368
印　　刷	四川新财印务有限公司
成品尺寸	148mm×210mm
印　　张	10.125
字　　数	230 千字
版　　次	2018 年 9 月第 1 版
印　　次	2018 年 9 月第 1 次印刷
印　　数	1—6000 册
书　　号	ISBN 978 - 7 - 5504 - 3688 - 6
定　　价	24.80 元